Führer zu den Vulkanen Europas

Band 1: Allgemeines · Island

Maurice Krafft

Führer zu den Vulkanen Europas

in 3 Bänden

Band 1: Allgemeines · Island

21 Abbildungen, 32 Farbbilder

Übersetzt von Irène und Alberto Samaniego

Ferdinand Enke Verlag Stuttgart 1984

Titel der Originalausgabe: Guide des volcans d'Europe

Autor:
Maurice Krafft
Centre de Volcanologie Vulcain
B.P. 5
F-68700 Cernay

Übersetzer:
Irène und Alberto Samaniego
Sacsahuamán 142
Lima 3 – Salamanca
Peru

CIP-Kurztitelaufnahme der Deutschen Bibliothek

Krafft, Maurice:
Führer zu den Vulkanen Europas : in 3 Bd. / Maurice Krafft. [Übers.: Irène u. Alberto Samaniego]. – Stuttgart : Enke
Einheitssacht.: Guide des volcans d'Europe ⟨dt.⟩

Bd. 1. Allgemeines, Island. – 1984.
ISBN 3-432-93671-0

Enke-Taschenbuch

Printed in Germany
Satz und Druck: Druckhaus Dörr, Inh. Adam Götz, D-7140 Ludwigsburg, gesetzt auf Linotype System 5 (202)

Vorwort zur deutschen Ausgabe

Das französische Original dieses Führers wurde 1973/74 geschrieben, es wurde 1979 teilweise überarbeitet und auf den neuesten Stand gebracht. Inzwischen mögen einige Aufschlüsse, die in diesem Führer beschrieben sind, neu interpretiert worden sein, es haben neue Ausbrüche stattgefunden, hier und da mögen neue Straßen gebaut, neue Steinbrüche angelegt oder neue geothermische Anlagen errichtet worden sein.

Die vulkanologische Wissenschaft ist in schneller Entwicklung begriffen und die Oberfläche der Erde bleibt lebendig.

Trotz alledem ist der allergrößte Teil der Fakten und Beschreibungen von Exkursionsrouten noch gültig.

Maurice Krafft

Vorwort zur französischen Ausgabe

Fast jedes Jahr bebt irgendwo auf unserer Welt die Erde, spuckt Feuer und verbreitet Schrecken, Verwüstung und Tod. Manchmal werden ganze Städte durch Lavaströme zerstört oder von Asche bedeckt.

Wir schulden den Wissenschaftlern, die das Leben der Vulkane, ihr Verhalten, ihre Launen und ihre Geschichte studieren, große Dankbarkeit.

Gewiß können wir keinen Vulkanausbruch verhindern oder unter Kontrolle bringen, aber wir können ihn dank der Vulkanobservationen voraussagen.

Unter den zahlreichen wissenschaftlichen Gruppen, die sich der Vulkanforschung widmen, ist die Equipe Vulcain sehr aktiv. Sie arbeitet in den Vulkangebieten der ganzen Welt, insbesondere in Italien, Island und Indonesien.

Maurice und Katia Krafft haben mit ihrem Team für ihr Buch den lebendigen Stil eines Reiseführers gewählt. Es analysiert und erklärt die Gebiete und schützt auch gewissermaßen den Reisenden, da er bei vulkanologischen Exkursionen öfters in Schwierigkeiten oder Gefahren kommen kann.

Die Einleitung zu diesem Buch gibt uns allgemeine Angaben über Geologie, Mineralogie, Petrographie, Geochemie, Geophysik und Magmengenese, die notwendig für eine gründliche Kenntnis der Vulkane sind.

Bei jedem Vulkan, zu dem uns die Autoren führen, wird dessen geographische und geologische Lage erwähnt, sowie seine Morphologie und seine mit der Menschheit verbundene Tätigkeitsgeschichte; nötigenfalls stützen sie sich auf die neuesten Ergebnisse der Archäologen, Prähistoriker und Paläontologen oder machen Gebrauch von den modernen Isotopenmethoden. Zahlreiche Karten aus neueren Veröffentlichungen erläutern die Beschreibungen; Bilddokumente unterstützen und illustrieren den Text.

Den Vulkanologen und Amateuren, die dieses Buch mit der festen Absicht lesen, selbst alles zu erkunden, werden viele praktische Hinweise gegeben. Alle Beschreibungen sind spannend und in einem klaren Stil geschrieben, ohne einen allzu fachmännischen Wortschatz zu benützen. Bei der Erwähnung von Unglücken, wie z. B. des

Ausbruchs des Eldfell im Januar-März 1973, wird der Stil noch ergreifender.

Was die italienischen Vulkane betrifft, so liest man mit großer Spannung die Beschreibung der post-vulkanischen Phänomene um Larderello. Sie geben den Autoren die Gelegenheit, fruchtbare Gedanken über die systematische Ausbeutung der geothermischen Energie einiger Vulkangebiete zu äußern.

Ich wäre glücklich, wenn diese wenigen Beispiele den Leser dazu aufmuntern würden, dieses Buch zu lesen; es wurde von qualifizierten Forschern geschrieben, denen man danken und zu ihrem Werk gratulieren muß.

In diesem Buch der „Vulkane Europas“ werden Studenten und Amateurforscher reiche Nahrung für ihre Neugierde finden; die Geologen, die schon mehr über Vulkanismus wissen, werden hier auf wesentliche Ergänzungen in den verschiedenen Aspekten der neuesten Forschungen der Vulkanologen stoßen.

Jean Orcel
Honorarprofessor der
Mineralogie
am Nationalmuseum für
Naturgeschichte

Zum Gebrauch dieses Führers

Bevor Sie diesen Führer benützen, ist es ratsam zunächst das Kapitel über Allgemeines, Petrographie, Magmatologie, Eruptionsvorgänge und allgemeine Hinweise zu lesen. Nur so ist es möglich, die in den weiteren Abschnitten folgende Information optimal zu nutzen. Was die verschiedenen Mineralien, die in diesem Buch genannt werden, betrifft, empfehlen wir dem Leser, auf die Bücher „Mineralien; Sammeln, Bestimmen, Vorkommen, Merkmale“ von RUDOLF JUBELT, Stuttgart (Enke) 1978 oder „Lexikon der Mineralogie“ von GÜNTER STRÜBEL und SIEGFRIED H. ZIMMER, Stuttgart (Enke) 1982 zurückzugreifen.

Es werden Ratschläge für die Exkursionsrouten in jedem Land gegeben, mit Angaben über die günstigste Reisezeit, über den Weg dorthin sowie über Unterkunft, benötigte Ausrüstung und nützliche topographische und geologische Karten.

Die Wichtigkeit jeder Exkursion wird durch Sternchen gekennzeichnet:

**** geologisch äußerst interessantes Gebiet, unbedingt zu besichtigen

*** geologisch sehr interessantes Gebiet, darf man nicht auslassen

** interessantes Gebiet, Besichtigung nützlich, um die Kenntnisse über den Vulkanismus dieses Gebiets zu vervollständigen

* interessantes Gebiet besonders für Spezialisten, oder betrifft den Vulkanismus strenggenommen nur am Rande

Zu jeder Exkursionsbeschreibung werden folgende Angaben gemacht: Länge der Strecke, Zugänglichkeit, geologische Besonderheiten in Stichworten, minimale Dauer der Besichtigung ohne Rückweg, Angaben über die Schwierigkeit der Strecke und andere praktische Hinweise.

Die Exkursionen folgen einander in geographischer Anordnung, von Norden nach Süden oder umgekehrt, oder im Uhrzeigersinn, oder auch in Abhängigkeit von den Hauptstraßen.

Einleitung

Einen solchen Führer zu verfassen ist eine recht schwierige Aufgabe, weil es nicht leicht ist, die vielen wissenschaftlichen Werke über die westeuropäischen Vulkane des Tertiärs und Quartärs zusammenzufassen.

Da es sich nicht um ein Lehrbuch handelt, wählten wir willkürlich die typischsten und bekanntesten Vulkane aus; so kommt es, daß die Vulkane der Kanarischen Inseln, der Azoren, Spaniens, Sardiniens, Schottlands, Irlands und der Faeroer Inseln hier nicht beschrieben werden. Dieser Führer erfaßt nur die Vulkane Frankreichs, Islands, Italiens, Griechenlands und Deutschlands. Wir haben die berühmtesten und die bezeichnendsten ausgesucht. Infolgedessen wird ein wichtiger Vulkan wie z. B. der Cantal nicht behandelt, da er viel Ähnlichkeit mit dem hier beschriebenen Mont Dore hat. Ebenso ausgeschlossen von diesem Werk sind die Vulkane der Causses und des Bas-Languedoc in Frankreich, die von Ostisland und die von Norditalien, weil sie für den Nicht-Petrographen von geringem Interesse sind. Von Griechenland wird nur Santorin behandelt. Die deutschen Vulkane sind durch die des Siebengebirges, des Laacher-See-Gebiets und der Westeifel, der Schwäbischen Alb, des Kaiserstuhls und des Hegaus vertreten. In einem derartigen Buch ist es unvermeidlich, daß viele Vulkane „geopfert" werden müssen – zugunsten einiger ausführlich behandelter.

Wir wollten vor allem dem Nichtfachmann und dem Studenten ein einfaches, gut belegtes Werk zur Verfügung stellen, das eine lehrreiche Besichtigung der bedeutendsten westeuropäischen Vulkane ermöglicht. Wir haben es jedoch vermieden, zuviel Auskunft über die Exkursionsrouten zu geben; Freunde der Vulkanologie sollen dadurch die Möglichkeit haben, ihren Unternehmungsgeist zu beweisen und sich selber mit Land- und Generalstabskarten zu orientieren, um die interessanten Stellen zu finden.

Jede behandelte Vulkanzone umfaßt eine Beschreibung der Art des Vulkanismus dieses Gebietes, gefolgt von genauen Exkursionsrouten, die die allgemeinen Angaben über diesen Vulkan erläutern. Gewiß werden neue Forschungen einige Theorien bestätigen oder widerlegen, aber der Führer wird immer wieder auf den neuesten Stand gebracht.

Die Angaben in diesem Buch beruhen, bis auf wenige Ausnahmen, selbstverständlich nicht allein auf eigenen Forschungen, sondern basieren auf den Arbeiten von über hundert Vulkanologen, deren zwangsläufig unvollständige Liste wir hier aufführen.

Im Kapitel „Allgemeiner Überblick" über Petrographie, Magmatologie und Eruptionsmechanismen haben wir uns auf die Veröffentlichungen von R. BROUSSE, J. JUNG, A. LACROIX und A. RITTMANN gestützt.

In dem Kapitel über Frankreich haben wir vor allem die Veröffentlichungen von R. BROUSSE und A. RUDEL berücksichtigt, aber auch die von D. BAUDRY, Y. BENTOR, E. BERGER, C. BOBIER, A. BOUCHART, P. BOUT, G. CAMUS, C. CAUSSE, Y. CHALEIL, J. L. CHEMINÉE, J. CIBOT, A. DARVICH-ZAD, A. DE GOER DE HERVE, G. DELIBRIAS, B. GÈZE, L. GLANGEAUD, J. JUNG, J. LABEYRIE, P. LAPADU-HARGUES, CH. LEFÈVRE, J. C. LEMONNIER, R. LÉTOLLE, P. MARTY, R. MAURY, R. MICHEL, A. MICHEL LEVY, M. NIEL, P. OLIVE, J. M. PETERLONGO, A. ROCHE, J. ROCHE, M. ROQUES, J. VARET, N. VATIN PERIGNON, P. M. VINCENT, H. VUITTENEZ.

Im Kapitel über Island stützten wir uns hauptsächlich auf die Veröffentlichungen von S. THORARINSSON, aber auch auf die von B. ARNASON, J. ASKELSSON, G. BARDARSON, T. W. BARTH, S. BJORNSSON, D. H. BLAKE, G. BODVARSSON, P. BOUT, R. DEARNLEY, R. W. DECKER, I. DOUGALL, C. DRAKE, G. ELISSON, G. EINARSSON, T. EINARSSON, TH. EINARSSON, J. D. FRIEDMAN, W. FRIEDRICH, I. L. GIBSON, S. JAKOBSSON, O. JONSSON, G. KJARTANSSON, A. NOE-NYGAARD, H. NOLL, G. PALMASON, A. RITTMANN, M. G. RUTTEN, K. SAEMUNDSSON, W. SCHUTZBACH, M. SCHWARZBACH, H. SIGURDSSON, G. SIGVALDASON, T. SIGURGEIRSSON, G. STEINTHORSSON, F. STRAUCH, T. THORODDSEN, J. TOMASSON, E. TRYGGVASON, R. W. VAN BEMMELEN, J. VON ULRICH, G. P. L. WALKER, P. L. WARD, H. WENSINK.

Das Kapitel über Italien basiert vor allem auf den Veröffentlichungen von H. PICHLER und A. RITTMANN, aber auch auf denen von B. BALDANZA, C. BLOT, S. BORSI, L. CASERTANO, J. L. CHEMINÉE, M. CHAIGNEAU, S. CUCUZZA SILVESTRI, M. DIRE, P. EVRARD, M. FORNASERI, B. GIANETTI, J. HONOREZ, G. IMBO, R. JAKOB, J. KELLER, G. KIEFFER, J. KLERKX, E. LOCARDI, F. MACHADO, G. MARINELLI, R. MAZZUOLI, M. MITTEMPERGHER, P. MODERNI, W. MEDWENITSCH, G. NAPOLEONE, E. NICKEL, P. OLIVE, E. PETERSCHMITT, G. PONTE, R. ROMANO, A. SCHERILLO, C. STURIALE, J. C. TANGUY, J. VALETTE, U. VENTRIGLIA, L. VILLARI.

Im Kapitel über Griechenland stützen wir uns hauptsächlich auf die Veröffentlichungen von G. C. GEORGALAS und H. PICHLER, aber auch auf die von E. BACON, N. DAVIS, A. G. GALANOPOULOS, J.

HAYS, P. HEDERVARI, J. KELLER, J. V. LUCE, S. MARINATOS, M. NEUMANN VAN PADANG, D. NINKOVICH, R. W. VAN BEMMELEN.

Das Kapitel über Deutschland basiert vor allem auf den Veröffentlichungen von H. CLOOS, J. FRECHEN, W. WEISKIRCHNER & W. WIMMENAUER, aber auch auf denen von W. AHRENS, W. CIPA, W. VON ENGELHARDT, W. HASEMANN, F. HOFMANN, O. KAPPELMEYER, J. KELLER, H. LASPEYRES, J. P. LAUER, M. PFANNENSTIEL, A. ROCHE, J. P. ROTHÉ, K. SAUER, H. SCHNEIDERHÖHN, A. SCHREINER, L. SCHULTE, R. STELLRECHT, J. UHLIG.

Wegen der Verständlichkeit des Textes werden wir bis auf ganz wenige Ausnahmen keine weiteren Hinweise auf Autoren geben.

Jedem Kapitel über den Vulkanismus eines Landes folgt ein Literaturverzeichnis. Das Fotomaterial kommt aus der Fotothek der Equipe Vulcain; wir danken J. J. BAQUET, J. G. BARTAIRE, J. EHRHARD-SCHROPF, M. LESUR, J. M. NASS, PH. PATAYDIBOLSKI für einzelne Aufnahmen.

Zuletzt wollen wir auch allen danken, die der Equipe Vulcain helfen und sie unterstützen, sei es in Frankreich oder im Ausland.

Cernay, Mai 1974

MAURICE KRAFFT,
Equipe Vulcain

Von MAURICE und KATJA KRAFFT sind bereits erschienen:
Volcans et Tremblements de Terre. – Paris, Deux Coqs d'Or 1971
Les Volcans. – Paris, Draeger Vilo 1975
Volcano. – [auf englisch] New York (Abrams), 1975
A l'Assaut des Volcans. – Paris (Presses de la Cité), 1976
La Fournaise. – (Édition Roland Benard), 1977
La Terre, une Planète vivante!. – (Hachette) 1978
Volcans, le réveil de la Terre. – (Hachette Réalités) 1979

Inhalt

Allgemeiner Überblick

Im Licht der neuen Entdeckungen über Kontinentalverschiebung und Plattentektonik, erscheint der Vulkanismus als das wesentliche Phänomen in der Entwicklung der Erde. Die Vorstellungen über den Aufbau der Erde haben sich verändert und die alte Theorie, die Sial, Sima und Nife unterscheidet, wird langsam zugunsten eines komplexeren, aber realistischeren Schemas aufgegeben. Die zahlreichen Rätsel des Vulkanismus können nur durch die Erforschung des Erdinneren gelöst werden, das aus drei verschiedenartigen Kugelschalen besteht:

- Der Erdkern, mit einem Radius von 3470 km, bildet das Zentrum der Erdkugel; seine äußere Grenze liegt 2900 km unter der Erdoberfläche. Dieser innere Kern ist fest, den dort herrschenden Druck errechnet man auf 1 bis 3 Millionen bar und die Temperatur dürfte 2000 °C bis 4000 °C betragen. Der äußere Kern ist flüssiger, das Eisen zirkuliert in Konvektionsströmen, die den Erdmagnetismus erzeugen, vergleichbar einem riesigen Dynamo.

- Die Hülle des Erdkerns ist der Erdmantel, der von 2900 km bis zu 80–120 km Tiefe unter der Erdoberfläche reicht; er ist zähflüssig und besteht hauptsächlich aus Peridotit, der reich an Eisensilikaten und Magnesium ist; der dort herrschende Druck reicht von 10 000 bis zu einer Million bar und die Temperatur beträgt 1000 °C bis 2000 °C. In den letzten 250 km bis zur Oberfläche ist der Mantel verhältnismäßig flüssig (Asthenosphäre); dieser flüssige Zustand hat riesige Konvektionsströme zur Folge (Bewegungen von einigen cm/Jahr).

- Auf diesem Mantel schwimmt in dauernder Reibung die dritte Hülle der Erde, die Lithosphäre; sie besitzt eine Mächtigkeit von 120–180 km, ist fest und besteht hauptsächlich aus Basalten unter einem Druck von bis zu 10 000 bar und Temperaturen, die 1500 °C erreichen. Die leichte kontinentale Kruste (aus Granit, metamorphen und sedimentären Gesteinen), die die Kontinente bildet, ist in die Lithosphäre eingebettet wie Holzbretter in festes Eis; diese Kruste hat eine Mächtigkeit von 10–50 km, während die Ozeankruste am Meeresboden nur etwa 10 km dick ist.

Die vulkanischen Magmenherde befinden sich entweder im oberen Mantel oder in der Lithosphäre.

Dieser innere Erdaufbau wird enthüllt durch die Art der Fortpflanzung der seismischen Wellen im Untergrund.

Die Lithosphäre unterteilt sich in sechs Hauptplatten wie die zusammenpassenden Teile eines riesigen Puzzlespiels. Diese Platten schwimmen auf dem flüssigen Teil des Mantels und werden von Konvektionsströmen mitgezogen. Im Laufe von Millionen Jahren treiben sie dahin, stoßen zusammen, brechen auseinander oder schieben sich übereinander, genauso wie mächtige Eisschollen. Diese sechs großen Platten werden Amerika, Eurasien, Afrika, Indien, Pazifik und Antarktis genannt. Jede Platte ist völlig fest: wenn Paris sich gegen Osten verschiebt, passiert genau das gleiche mit Moskau und Peking, weil sich diese drei Hauptstädte auf derselben Platte befinden, sie gehören zum selben Floß, der Platte Eurasien. Nur die Nähte, die Plattengrenzen, sind aktiv und erfahren Ausdehnungen, Stöße und Übereinanderschiebungen der Platten; die Mehrzahl der Erdbeben und Vulkanausbrüche findet dort statt. Die Narben der Lithosphäre sind schwache Zonen, genauso wie die Risse eines Stückchens Stahl, die unter kleinstem Druck nachgeben. Zwei dieser Plattengrenzen sind berühmt: der pazifische Feuerkreis, der diesen Ozean mit einer Reihe aktiver Vulkane umringt, und das an Beben reiche alpidische Faltengebirge, das sich von Westeuropa über den Himalaya bis nach Indonesien erstreckt. Seit fast einem Jahrhundert haben sich die Wissenschaftler gefragt, warum sich die Erdbeben und die Vulkane auf schmale Linien an der Erdoberfläche beschränken. Heute ist das Rätsel gelöst: diese Linien sind Plattengrenzen. Aber wie erscheinen sie im Gelände und was bewirken sie? Auch hier bringt uns die moderne Geophysik, die den so lange von Forschern vernachlässigten Ozeanboden untersucht, eine Antwort.

Durch häufiges Befahren der Meere mit ozeanografischen Forschungsschiffen sind die Geophysiker zu dem Ergebnis gekommen, daß es auf dem Meeresgrund zwei besonders charakteristische Relieftypen gibt:

- einerseits die submarinen Gebirgsketten, die mittelozeanischen Rücken, die sich über Tausende von km erstrecken. 2000 bis 3000 m hoch und 1000 km breit, besitzen sie auf ihrer gesamten Länge eine zentrale Grabenzone in Form enger Täler von 20 bis 50 km Breite und 1000 bis 2000 m Tiefe;

- andererseits die Ozeangräben, bogenförmig, mehrere tausend Meter tief und Hunderte von km lang. Der bekannteste mittelozeanische Rücken befindet sich im Atlantik. Die wichtigen Ozeangräben liegen rings um den Pazifik; sie sind entweder von Inselketten, vulkanischen Bögen wie den japanischen oder indonesischen Inseln, oder von kolossalen Gebirgsketten wie den Anden begrenzt. Diese zwei Relieftypen sind nur das Oberflächenabbild der Plattengrenzen, die nach einem einfachen Mechanismus funktionieren, der in diesem Jahrzehnt entdeckt und erklärt wurde: das Material, aus dem die ozeanischen Lithosphären-Platten besteht, kommt aus dem oberen flüssigen Mantel, in Form von Magma, das durch die aufsteigenden Konvektionsströme bis an die Oberfläche gelangt. Dieses Material dringt durch die großen Spalten, die sich in den tiefen Tälern der mittelozeanischen Rücken befinden, bildet submarine Vulkane, dehnt die Erde aus, kühlt ab und schweißt sich an die Plattenränder, die die Magmainjektion umgeben.

Später zertrennt eine neue Intrusion von Schmelzmaterial die vorausgehende Injektion in zwei gleiche Teile, die sie – symmetrisch auf beiden Seiten der Achse des mittelozeanischen Rückens – mit einer Durchschnittsgeschwindigkeit von 1 bis 12 cm pro Jahr auseinanderschiebt. Dieser Mechanismus der Ausdehnung des Meeresbodens setzt sich über Dutzende Millionen Jahre fort; die Platten verschieben sich langsam auf beiden Seiten des Rückens, erreichen dann Zonen, wo die nach unten gerichteten Bewegungen der Konvektionsströmungen sie bis in die Tiefseegräben mitziehen, wo sie sich schließlich unter andere Platten schieben, in den Mantel eindringen und in 700 km Tiefe vollständig aufgeschmolzen werden. Folglich dehnt sich die Erde unter Neubildung von Lithosphären-Material entlang einiger Linien, einiger Plattengrenzen, wie etwa im Mittelatlantik, im Ostpazifik und im Indischen Ozean aus. An anderen Plattengrenzen wird dieser Materialüberfluß resorbiert, eingeschmolzen und die Erde schrumpft wie im zirkumpazifischen Vulkangürtel oder im alpidischen Faltengebirge. Die in die Platten eingebetteten Kontinente bewegen sich wie auf einem Fließband, da sie jedoch zu leicht sind, um in die Gräben hineingezogen zu werden, bleiben sie an der Oberfläche wie schwimmender Schaum und falten sich zu Gebirgsketten auf. Die Theorie der Plattentektonik erlaubt z. B. die Aussage, daß New York und London sich ungefähr 3 bis 4 cm im Jahr voneinander entfernen, weil sich diese zwei Städte auf verschiedenen Platten befinden, der amerikanischen und der eurasischen, und durch einen mittelozeanischen Rücken getrennt sind, der sie auseinanderschiebt. Hingegen nähert sich Algier Marseille mit durchschnittlich 2 cm pro Jahr, da sich das Mittelmeer durch das Absinken der afrikanischen Platte unter die eurasische Platte schiebt. Dies geschieht längs eines Ozeangrabens, der südlich Kretas nachweisbar ist.

Genauso bewegen sich die Hawaii-Inseln im Pazifik mit durchschnittlich 7 cm pro Jahr in nordwestlicher Richtung, und wenn diese Drift noch einige Dutzend Millionen Jahre andauert, dann werden diese Inseln im Aleutischen oder Japanischen Graben versinken. Wenn sich auch die Mehrzahl der Vulkane der Welt auf Rücken und Inselbögen befinden, so gibt es doch einige, die davon sehr weit entfernt sind, etwa wie die von Ostafrika, die in einem riesigen Grabenbruch angesiedelt sind, einem Rift, das sich von Mozambique zum Toten Meer über Tanzania, Zaire, Kenia, Äthiopien und das Rote Meer erstreckt; diese Störungslinie setzt sich übrigens bis nach Oslo fort, über Griechenland, Italien, das Rhône-Tal und den Oberrheingraben. Dieser gewaltige Riß im Herzen der Kontinente ist dabei sich zu öffnen und auszudehnen, um eine neue Grenze zwischen zwei Platten zu bilden, die sich vielleicht später zu einem mittelozeanischen Rücken entwickeln wird.

Den Geophysikern ist eine wesentliche Tatsache aufgefallen, nämlich, daß der Vulkanismus eine Hauptrolle in der Entwicklung der Kruste unseres Planeten spielt.

Infolgedessen kann man drei Arten von Vulkanismus unterscheiden:

1) der Vulkanismus der ozeanischen Riftzonen, bei dem Platten auseinandertreiben (vom Typ: mittelatlantischer Rücken), mit hauptsächlich effusiver Tätigkeit, weil das Magma basaltisch ist und wahrscheinlich dem Mantel entstammt.

2) der Inselbogen- und Kontinentalrandvulkanismus, bei dem eine Platte unter die anderen abtaucht (vom Typ: zirkumpazifischer Vulkangürtel), mit hauptsächlich explosiver Tätigkeit, weil die Lithosphäre das in den marinen Sedimenten enthaltene Wasser beim Absinken mit sich führt. Dieses Wasser verdampft beim Absinken in den Mantel und erklärt somit die Bedeutung der Gasphase, die sich in Explosionen manifestiert; ferner erzeugt die immense Reibung zwischen den beiden Platten und dem Mantel Hitze, die Teilaufschmelzungen verursacht, wodurch ein verhältnismäßig saures, andesitisches Magma entsteht, das wegen seiner hohen Viskosität zu einer explosiven Tätigkeit neigt.

3) der kontinentale Riftvulkanismus, bei dem ein Kontinent sich spaltet (vom Typ: Ostafrikanisches Rift), von bald effusiver, bald explosiver Tätigkeit mit basischem oder saurem Magma je nach Tiefe, Umgebung und Differenzierung des Magmenherdes.

Im Hinblick auf diese Erscheinungen liegt Europa geographisch sehr günstig, weil der Vulkanismus der ozeanischen Riftzonen durch Island sehr gut veranschaulicht wird, der Inselbogenvulkanismus durch die Äolischen Inseln und die Kykladen, und schließlich der kontinentale Riftvulkanismus durch die Vulkane Deutschlands. Die Vulkane Frankreichs und Italiens sind schwerer einzuordnen, sie begleiten die Orogenese der Alpen und der Apeninnen.

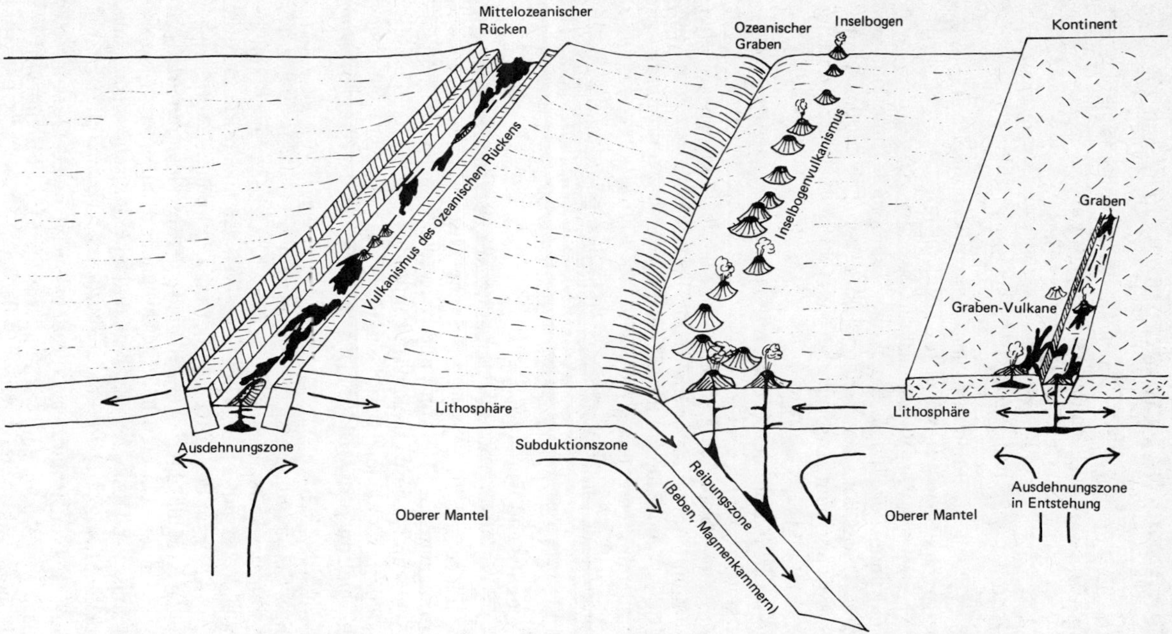

Abb. 1 Die drei Arten von Vulkanismus im Licht der Plattentektonik (*M. Krafft*, 1975) (der vertikale Maßstab ist aus zeichnerischen Gründen nicht korrekt wiedergegeben.)

Förderprodukte, Petrographie (Farbbilder 1–3, S. 137)

Vulkanische Produkte findet man an der Erdoberfläche in drei Formen: als Gase, als Laven und als Pyroklastika.

Die Gase

Die Gase, die die flüchtigen vulkanischen Förderprodukte umfassen, sind petrographische Produkte von großem Interesse, da sie der eigentliche Motor der Vulkanausbrüche sind. Die verschiedenen Gase sind unter gegebenem Druck und Temperatur, untereinander im Gleichgewicht, ihre Temperatur sinkt gewöhnlich mit der räumlichen Entfernung vom Ausbruchsherd und der zeitlichen Entfernung vom Höhepunkt des Ausbruchs.

Die chemische Zusammensetzung der Gasphase wird in der Magmatologie studiert. Zahlreiche Sublimate setzen sich um und in den Förderkanälen ab, besonders Natrium-, Kalium-, Calcium-, Magnesium-, Aluminium- und Eisenchloride und -sulfate, Silizium- und Eisenoxide, Ammoniumchlorid, Borsäure, Schwefel und Spuren von vielen anderen Elementen.

Man unterscheidet drei wesentliche Arten von Gasexhalationen:

Heiße Quellen und Geysire

Wenn die aus den Schmelzen freigesetzten Gase auf Grundwasser stoßen, bilden sich heiße Quellen – eine Mischung von juvenilem Wasser magmatischer Herkunft und von vadosem Wasser atmosphärischer Herkunft. Diese Quellen sind entweder reich an Kohlensäure („Versteinernde Quellen" des Massif Central, Frankreich) an Schwefel (Thermalzonen auf Island) oder an Kieselsäure (Geyserit von Geysir).

Derartige Erscheinungen sind im allgemeinen bezeichnend für das Endstadium des Vulkanismus, wenn die Schmelzen bei ihrer Abkühlung noch Gase mit einer mehr oder weniger hohen Temperatur abgeben. Allein in der Auvergne hat man 750 mineralisierte Thermalquellen gezählt. Der Wasserdampf, der in kleineren Mengen auch noch andere Gase enthält, wird manchmal unter einer wasserundurchlässigen Decke festgehalten, und eine Bohrung würde genügen, um die Flüssigkeit hervorsprudeln zu lassen (Larderello).

Die Geysire (von isländisch „sprudeln") sind heiße Quellen, die periodisch ihr Wasser emporschleudern; ihr Mechanismus wird im Kapitel über Island erklärt.

Solfataren und Mofetten

Solfataren sind Kohlensäure- und Schwefelwasserstoffexhalationen mit Ablagerungen von Schwefel und Bildung von warmen Schlammkesseln. Die Typuslokalität ist die Solfatara bei Neapel, wo man das solfatarische Stadium definiert hat, das einer ausklingenden vulkanischen Tätigkeit entspricht.

Die Mofetten sind durch Kohlensäureexhalationen, deren Temperatur der Umgebungstemperatur entspricht, charakterisiert und bilden die allerletzte Phase einer Vulkantätigkeit (Hundsgrotte bei Agnano, Italien).

Heiße Fumarolen

Dies sind Gasexhalationen aus Kratern, Spalten oder aus Lavaströmen, die die Vulkanausbrüche begleiten. Sie halten oft eine längere Zeit nach der Hauptvulkantätigkeit an. Ihre Temperatur kann 1000 °C erreichen und sogar überschreiten. Die austretenden Gase erreichen während eines normalen Ausbruchs ein Volumen von mehreren Milliarden Kubikmetern. Die Mehrzahl der tätigen und ruhenden Vulkane Europas weisen derartige Fumarolen auf.

Die Laven

Lava ist gewöhnlich entgastes Magma, das mehr oder weniger schnell fließt und abkühlt.

Die Hauptfaktoren, die die Fließ- und Abkühlungsgeschwindigkeit der Lava beeinflussen, sind die Temperatur der Lava, ihre Viskosität, ihre chemische Zusammensetzung, ihr Gasgehalt und die äußeren Bedingungen (Hangneigung am Vulkan, Vorhandensein von Wasser oder Eis usw.). All diese Faktoren treten gleichzeitig auf und hängen oft voneinander ab.

Wenn auch die meisten vulkanischen Gesteine bei einer Temperatur zwischen 900 °C und 1050 °C schmelzen, so ist doch ihre Viskosität unterschiedlich; die Viskosität eines Rhyoliths ist viel größer als die eines Basalts mit gleicher Temperatur – sie also von der jeweiligen chemischen Zusammensetzung des Magmas abhängig. Ein Basalt erstarrt bei seiner Abkühlung schlagartig, ein Rhyolith dagegen nur sehr langsam. Das Vorhandensein von Gas kann die Viskosität herabsetzen; eine gasreiche Lava kann sich noch bei 600 °C fortbewegen. Die äußeren Umstände, wie etwa das Relief oder das Vorhandensein von Wasser, können auch stellenweise das Abfließen und Abkühlen der Lava beeinflussen. Auf diese Weise kommt es, je nach Neigungsgrad des Vulkans, zu verschiedenen Geschwindigkeiten der

Lavaströme. Die Geschwindigkeit kann von ein paar Metern pro Stunde bis zu 40 km/h betragen. In Gegenwart eines Sees oder des Meeres verändert sich die Abflußweise der Lava beträchtlich, indem sie z. B. an ihrer Oberfläche erstarrt.

All diese Faktoren haben Einfluß auf die Absonderungsformen, die Textur und die Struktur der vulkanischen Gesteine.

Absonderungsformen

Die Absonderungsformen stellen Abkühlungsklüfte der Laven unter verschiedenen Bedingungen dar. Man unterscheidet hauptsächlich Säulen, Schollen- und die Kissenlaven.

Säulen. Wenn ein Lavastrom abkühlt, teilt er sich oft in polygonale, aneinanderstoßende, senkrechte Prismen von einigen Dezimetern Durchmesser und mehreren Metern Höhe. Einen Prismenkomplex nennt man Orgel (Orgel von Espaly). Diese Säulen sind oft waagerecht in 50 cm lange Teile oder in 5 bis 10 cm dicke Scheiben zerschnitten. Diese Säulenform kommt nicht ausschließlich bei Basalten vor, sondern man findet sie auch bei anderen Gesteinen wie Phonolithen und sogar bei Ignimbriten. Die Säulen stehen in den großen Deckenergüssen immer senkrecht. Sie besitzen eine radialstrahlige Anordnung, wenn die Lava in einem unterirdischen Hohlraum mit unregelmäßigen Wänden erstarrt ist. Die Basaltergüsse weisen gewöhnlich zwei verschiedene übereinanderliegende Säulenschichten auf. Die obere Schicht, oder „falsche Lavaorgel", besteht aus unregelmäßigen grobsäuligen Absonderungen, die untere Schicht, oder „echte Lavaorgel", besteht aus fast perfekten Säulen. Die obere Schicht entstand durch die Abkühlung der Ergußoberfläche. Die untere Schicht entspricht dem langsamen, regelmäßigen Aufstieg der Isothermenflächen aus der Ergußunterlage.

Man konnte beweisen, daß die Säulenabsonderung von der Bildung von Schwundrissen während der Abkühlungsphase der Lava (also beim Übergang vom zähflüssigen in den festen Zustand) herrührt.

Schollenlaven. Bei der Abkühlung der Lava kommt es vor, daß sie sich in Platten oder Schollen von mehreren cm Mächtigkeit absondert. Diese Form ist besonders charakteristisch für Phonolithe, die sich in „klingende" Platten spalten. Diese Schollenabsonderung rührt daher, daß alle Feldspatmikrolithe des Gesteins parallel eingeregelt sind, was dem laminaren Fließen der noch zähflüssigen Lava entspricht.

Kissenlaven (Pillow-Laven). Die Absonderung in Kissenlaven findet man nur vor, wenn die Lava unter Wasser im Meer, oder in Seen oder unter einem Gletscher ausgeflossen ist. Die Aufschlüsse gleichen aufeinander geschichteten Mehlsäcken. Jedes Kissen hat einen Durchmesser von einigen Dezimetern; das Innere besteht aus einer gut kristallisierten Lava, die von glasigen Krusten umhüllt ist, die umso glasiger werden, je weiter außen sie sich befinden. Das Ganze weist radialgerichtete Schwundrisse auf. Ein Zement vulkanischen oder sedimentären Ursprungs verbindet die Kissen untereinander. Die Entstehung dieser Absonderungsform ist ziemlich kompliziert. Die heute gängige Erklärung ist folgende: wenn die Lava mit dem Wasser in Berührung kommt, überzieht sie sich mit einer glasigen Schale, die dann zerspringt, so daß die glutflüssige, darunterliegende Lava sich über die Oberfläche ergießen kann. Der Rücken des Lavastroms bedeckt sich mit Lavawülsten, die an den Flanken heruntergleiten, eine Kissenform annehmen und sich dann um den Erguß herum anhäufen; die Füllung der Zwischenräume erfolgt erst später.

Oberflächenformen

Die Oberflächenformen sind die äußeren Erscheinungen der abgekühlten Lava. Man unterscheidet drei Arten: die Blocklaven, die Fladenlaven und die vulkanischen Breccien.

Blocklaven. Wenn eine Lavaschmelze die Oberfläche erreicht, kommt es durch die eingeschlossenen Gase zur Blasenbildung, und es entstehen Vakuolen mit Durchmessern von einem mm bis zu einem cm. Eine Block- oder Schlackenlava bildet sich so auf der Oberfläche des Lavaergusses. Es handelt sich um eine völlig unregelmäßige, poröse Kruste, die reich an scharfkantigen Blöcken ist. Diese Kruste, die eine Mächtigkeit von ein paar cm bis mehreren Metern erreicht, gibt den Laven das chaotische, trostlose Aussehen und hat verschiedene Namen: „cheyres“ in der Auvergne, „sciarre“ in Italien, „aa“ auf Hawaii und „apalhraun“ auf Island. Im Laufe der Zeit füllen sich die Blasenhohlräume mit Calcit und Zeolithen. Der Bimsstein ist eine besonders, helle, kieselsäurereiche Blocklava, bei der die Blasenhohlräume so zahlreich sind, daß der Stein auf dem Wasser schwimmt.

Fladenlaven. Wenn ein Magma völlig entgast ist, entsteht eine dichte Lava. Sie ergießt sich in Form von glatten, glasglänzenden Flächen, die dem Asphalt gleichen. Große Wellen entstehen mitten im Lavastrom und es bilden sich verwickelte, wurstförmige Stricke: die Stricklaven. Die Fladen- oder Stricklaven werden „pahoehoe“ auf Hawaii und „helluhraun“ auf Island genannt. Es ist festzuhalten, daß sich die konkaven Seiten der Stricklaven immer stromaufwärts richten.

Vulkanische Breccien. Das Gefüge der vulkanischen Breccien wird bei den pyroklastischen Produkten besprochen.

Gefüge

Das Gefüge wird durch die Anordnung und die Form der Mineralien eines Gesteins bestimmt. Während ein grob- und feinkristallines Gefüge charakteristisch für die Grundmasse von Gesteinen aus großer bzw. mittlerer Tiefe ist, so sind die mikrolithischen und hyalinen Gefüge typisch für Effusivgesteine.

Mikrolithisches Gefüge. Das aphanitische Mikrolithgefüge ist charakterisiert durch die große Fülle von Feldspat-Mikrokristallen in Form von Mikrolith-Leisten, die in der Gesteinsgrundmasse schwimmen. Es kommt oft vor, daß Einsprenglinge von mehreren mm Länge in diesen Vulkaniten vorhanden sind; es handelt sich dann um ein porphyrisches Gefüge. Das erklärt man durch den dünnflüssigen Zustand der hocherhitzten Grundmasse, die wenige Keime enthält, wodurch sich wenige, aber grobkörnige Kristalle bilden; im Gegensatz hierzu ist die Grundmasse bei niedriger Temperatur zähflüssig, enthält zahlreiche Keime, und es bilden sich unzählige Mikrolithe. Wenn alle Mikrolithe die gleiche Richtung aufweisen, spricht man von einer Fluidaltextur.

Hyalines oder glasiges Gefüge. Beim hyalinen Gefüge überwiegt das amorphe Glas. Man nimmt an, daß das Magma ziemlich rasch abgekühlt ist und daß die Atome der Schmelzmasse keine Zeit zur Kristallisation hatten. Das typischste Beispiel ist der Obsidian. Das Glas ist manchmal durch Schwundrisse in kleine mm-große Kügelchen geteilt, die aber gleicher Natur wie die Grundmasse sind; es handelt sich um das Perlitgefüge, das anscheinend nur bei Lavaergüssen unter Wasser oder Eis entsteht.

Wenn das heiße Glas von Fumarolen durchdrungen wird, dann kommt es zu einer Entglasung und es bilden sich winzige Mikrolithe. Dieser Entglasungsprozeß kann auch durch das Altern des Glases entstehen, indem die glasige Grundmasse allmählich durch ein kryptokristallines Quarz- und Feldspataggregat ersetzt wird, das entweder durch Hämatit (rot) oder durch Chlorit (grün) gefärbt ist.

Pyroklastische Produkte

Hierbei handelt es sich um Agglomerate verfestigter oder unverfestigter vulkanischer Produkte. Nach der Korngröße der Hauptbestandteile sind folgende Ausdrücke definiert:

Durchmesser der Bestandteile in mm	Lockerprodukte	Verfestigte Gesteine
weniger als 2 mm	Aschen	Aschentuffe (Cinerit)
von 2 bis 30 mm	Lapilli	Tuffe
mehr als 30 mm	Blöcke	vulkanische Breccien

Je nach Ursprung unterscheidet man sechs verschiedene Arten von Pyroklastika: vulkanische Breccien, Aschen, Schlacken und Bomben, Ignimbrite, Palagonite und Peperite, Lahars, vulkanoklastische Sedimente.

Vulkanische Breccien

Die vulkanischen Breccien sind aus großen Blöcken alter Lava entstanden, die von vulkanischen Förderprodukten verfestigt wurden. Sie sind typisch für Ausbrüche des Mont Pelée und des Vulcano.

Man nennt sie auch „Schlotbreccien", da diese Art von Material auch Vulkanschlote ausfüllen kann, wo man es in den verschiedensten Vergesellschaftungen mit Blöcken, Lapilli und Tiefengestein finden kann. Die durch Explosionen entstandenen Breccien des Puy en Velay sind hierfür ein gutes Beispiel.

Aschen, Schlacken und Bomben

Diese Lockerprodukte sind bei den Vulkanen am stärksten vertreten. Sie bedecken oft große Flächen und erreichen manchmal enorme Mächtigkeiten. Bei Ausbrüchen des Stromboli-Typs findet man sie in Form von Schlacken, die im flüssigen Zustand als Lavafetzen ausgeworfen wurden, als spindelförmige Bomben, die sich beim Auswurf um sich selbst drehten, und als Asche. Bei Ausbrüchen des Vulcano-Typs sind die geförderten Produkte Brotkrustenbomben, die aus ziemlich zähflüssigen Schmelzprodukten gebildet wurden, sowie Asche. Bei Ausbrüchen des Hawaii-Typs ist die Lava so flüssig, daß sich das vulkanische Material zu Lavatropfen und Glasfäden, die man „Pelées Haar" nennt, verfestigt. Der Piperno bei Neapel ist eine Art pyroklastischer Ablagerung, entstanden durch eine Anhäufung von sehr dünnflüssigen Lavafladen, die sich dem Boden anschmiegten.

Es sei angemerkt, daß die vulkanischen Bomben oft einen Peridotit-Kern oder ein Stück Grundgebirgsmaterial wie z. B. Granit enthalten. Einige pyroklastische Ablagerungen sind berühmt, wie die bei

Pozzuoli, in Italien; es handelt sich hierbei um helle trachytische Asche, die seit der frühesten Antike als Baumaterial benutzt wurde.

Ignimbrite

Ignimbrite sind typisch für Ausbrüche des Mont-Pelée-Typs. Sie bestehen aus feinen sauren Lavatropfen und zerbrochenen Kristallen, die miteinander verschweißt sind und ein helles Gestein bilden, das die Härte einer echten Lava besitzen kann. Es handelt sich um die berüchtigten Glutwolken-Ablagerungen, die ausgedehnte Flächen bedecken können. Der Monte Amiata in Norditalien ist eins der schönsten Beispiele dafür. Manchmal gleichen die Ignimbrite wirklichen homogenen Lavaströmen; man nennt sie dann Rheoignimbrite. Die Glutwolken können auch brecciös erscheinen, indem Blöcke, Lapilli, Asche und Bimsstein regellos und lose verteilt sind.

Palagonite und Peperite

Sehr charakteristisch und leicht erkennbar sind die unter Wasser und unter Gletschern gebildeten Pyroklastika.

Die Palagonittuffe oder Hyaloklastite sind submarine oder subglaziäre Bildungen. Sie sind brecciös und enthalten viel goldgelbes basisches Glas, Palagonit genannt. Diese Tuffe sind sehr gut bei dem submarinen Vulkanismus der Iblei Berge in Sizilien und bei den subglaziären Vulkanen Islands ausgebildet.

Die Peperite, häufig in der Limagne Frankreichs anzutreffen, sind sublakustrisch gebildete Pyroklastika, die aus Lavakörnchen von 1 bis 50 mm Durchmesser bestehen, die in einem kalkigen Gestein verteilt sind. Ihr Erscheinungsbild erklärt sich dadurch, daß ein Lavastrom auf einem Seegrund mit Kalkschlamm in Kontakt kam. Die Lava wurde dann zu unzähligen Körnern pulverisiert, die sich mit dem Schlamm vermischten.

Lahars (Schlammströme)

Wenn die auf den steilen Hängen eines Vulkans abgelagerte Asche durch Regenwasser oder Gletschereis in die Täler hinabrutscht, bildet sich ein Schlammstrom, isländisch „hlaup“ und indonesisch „Lahar“ genannt. Diese Ablagerungen bestehen aus zuweilen enormen Blöcken, die mit Asche und Erde vermischt sind. Der Schlammstrom von Perrier in der Auvergne (Frankreich), aus dem Pliozän, dessen Ursprung im Mont Dore zu suchen ist, hat mehrere Tonnen schwere Blöcke über 20 km weit bis in die Limagne mitgeschleppt.

Tuffite

Wenn vulkanische Produkte in Seen oder ins Meer gelangen, lagern sie sich ab wie Sedimente und bilden mit klastischem Material Mischgesteine, die z. B. Pflanzenhäcksel, Insekten und Diatomeen enthalten können.

Klassifizierung der Gesteine

Die Klassifizierung der Vulkanite stellt den Petrographen vor viele Probleme, weil es schwer ist, klare Grenzen zwischen den verschiedenen Gesteinsarten zu ziehen, die oft graduelle Übergänge zeigen. Es gibt mehrere Klassifizierungsmöglichkeiten. Die gebräuchlichste ist die qualitative mineralogische Klassifizierung, die darin besteht, daß man die verschiedenen Mineralien in einem Gestein und ihre Assoziation bestimmt, um verschiedene Gesteinstypen zu definieren. Es handelt sich vor allem um eine makroskopische Beschreibung, die die Tatsache berücksichtigt, daß Vulkanite nur ca. zehn Hauptmineralien enthalten: Quarz, Kalium-, Natrium- und Calciumalumosilikate, die reich an Kieselsäure (Feldspäte) oder kieselsäurearm (Foide) sind, die Glimmer (hydratisierte Kalium-, Natrium-, Magnesium- oder eisenreiche Aluminium-Silikate) und die Mafite (Pyroxene, Amphibole und Olivin).

Die quantitative oder modale Klassifizierung begründet sich auf dem genauen Prozentsatz der verschiedenen Mineralarten, der nur unter dem Mikroskop bestimmbar ist. Die chemische Klassifizierung zuletzt, berücksichtigt nur die chemische Zusammensetzung der Gesteine. Wir werden die qualitative mineralogische Klassifizierung anwenden, die einfachste der drei, und wir werden fünf große Sippen von Vulkaniten unterscheiden:

- Gesteine mit Feldspäten und Quarz
- Gesteine nur mit Feldspäten
- Gesteine mit Feldspäten und Feldspatvertretern (Foide)
- Gesteine allein mit Foiden
- Gesteine ohne helle Mineralien

In den ersten drei Gruppen werden die Alkalifeldspat-führenden Gesteine Alkaligesteine genannt (Atlantische Sippe). Gesteine mit Kalifeldspat und Plagioklas werden Kalkalkaligesteine (Pazifische Sippe), und die mit nur Plagioklas Kalk-Natrongesteine (Mediterrane Sippe) genannt.

Es sei erwähnt, daß viele Gesteine Lokalnamen haben, wie etwa der Domit (Puy de Dôme) oder der Sancyit (Puy de Sancy).

Wir werden weder Tiefengesteine noch subvulkanische Gesteine, sondern nur Ergußgesteine behandeln. Wir werden jedoch das entsprechende Tiefengestein jeweils anführen.

Gesteine mit Feldspäten und Quarz

Rhyolithe (Tiefengesteinsäquivalent: Granit). – Dies sind weiße, gelbe, rote oder grüne dichte, selten poröse Gesteine, mit Einsprenglingen von Quarz, Feldspat, manchmal Biotit, die in einer glasigen Grundmasse schwimmen. Die Feldspäte sind oft durch Sanidin vertreten, eine Art Hochtemperatur-Orthoklas. Wenn Quarz und Feldspäte Sphärolithe bilden, die man mit bloßem Auge sehen kann, dann nennt man das Gestein Pyromeride. Mikroskopisch enthält die Grundmasse wenige Kristalle und besteht hauptsächlich aus amorphem Glas. Beim Obsidian handelt es sich meist um einen vollkommen glasigen Rhyolith. Rhyolith kann man in zwei völlig verschiedenen Ausbildungen finden. In zähflüssiger Form bildet er Quellkuppen oder kurze dicke Lavaströme. In flüssiger Form, als Glutwolken, bildet er weitreichende Ignimbritdecken.

Dacite (Tiefengesteinsäquivalent: Granodiorit). – Dacit ist ein hellgraues, bläuliches, dichtes, selten poröses Gestein, mit Einsprenglingen von Plagioklas, Quarz, Biotit, Pyroxen und Amphibol. Mikroskopisch erscheint die Matrix glasig oder mikrolithisch.

Rhyodacite sind ein Mittelding zwischen Rhyolith und Dacit.

Im allgemeinen ergeben Dacite eine zähflüssige Lava, die Quellkuppen bildet. Es gibt jedoch auch dacitische Ignimbrite.

Gesteine nur mit Feldspäten

Trachyte (Tiefengesteinsäquivalent: Syenit). – Trachyt ist ein helles, weißliches oder gräuliches rauhes Gestein, manchmal porös, mit Einsprenglingen von Sanidin, Biotit, Amphibol und Pyroxen. Mikroskopisch ist die Matrix spärlich, glasig oder kryptokristallin. Eng aneinander gepreßte Feldspatmikrolithe sind gewöhnlich fluidal angeordnet. Man kann, je nach Verhältnis von Kalifeldspat zu Plagioklas, drei Arten von Trachyten unterscheiden:

- Alkalifeldspat-Trachyte, bei denen bedeutend mehr Alkalifeldspat als Plagioklas vorhanden ist (z. B. Domit aus dem Puy de Dôme)
- Latite, bei denen soviel Alkalifeldspat wie Plagioklas vorhanden ist
- Trachyandesite, bei denen weniger Alkalifeldspat als Plagioklas vorhanden ist (z. B. Sancyit vom Puy de Sancy, Doreit vom Mont Dore).

Wenn die Trachyte Quarz enthalten, was selten vorkommt, nennt man sie Quarztrachyte. Trachyt bildet Quellkuppen oder kurze dicke Lavaströme.

Basalte (Tiefengesteinsäquivalent: Gabbro). – Basalt ist ein schwarzes, kompaktes, dichtes Gestein mit Einsprenglingen von Olivin, Augit und Magnetit. Mikroskopisch wird die Grundmasse von Plagioklas-, Pyroxen- und Magnetitmikrolithen gebildet. Es gibt viele Arten von Basalten:

- Olivinbasalte, die am häufigsten vorkommen, enthalten große olivgrüne Olivinkristalle;
- Basalte ohne Olivin, die besonders reich an Augit und mikroskopisch kleinen Plagioklasen sind, und die möglicherweise manchmal Quarz in der Matrix enthalten;
- Feldspatbasalte, reich an Labradorit, Augit und manchmal Olivin;
- Ankaramite, echte Basalte mit Einsprenglingen von großen Pyroxen- und Olivinkristallen;
- mitteldunkle Basalte, reich an großen Labradorit-Einsprenglingen und Augitkörnern;
- Tholeiite oder tholeiitische Basalte, ziemlich reich an Kieselsäure, enthalten in der Matrix nur durch Laboranalyse bestimmbaren Tridymit.

Basalte sind im wahrsten Sinne des Wortes Ergußgesteine, sie bilden weit ausgedehnte Ströme und Decken von Seil- und glatter Lava.

Andesite (Tiefengesteinsäquivalent: Diorit). – Andesit ist ein graues, ziemlich leichtes Gestein, sehr rauh und oft porös. Plagioklas- und Amphibolphänokristalle, die mit bloßem Auge erkennbar sind, sind selten. Mikroskopisch weist die Matrix, die ein blasiges Gefüge hat, eine mikrolithische Struktur auf und besteht aus unzähligen Plagioklasmikrolithen und Pyroxenkörnern. Glas ist spärlich vorhanden. Andesite findet man besonders in Form von Lavaströmen, die aber nicht so ausgedehnt wie Basaltdecken sind.

Gesteine mit Feldspäten und Feldspatvertretern (Foiden)

Phonolithe (Tiefengesteinsäquivalent: Nephelinsyenit). – Phonolithe sind hellgrüne bis graue dichte Gesteine, selten porös, die sich in ziemlich dünne Platten spalten. Man findet besonders Einsprenglinge von Sanidin, Augit und Nephelin sowie andere Foide wie Nosean und Hauyn. Mikroskopisch bilden unzählige Sanidinmikrolithe ein

Fließgefüge. Man findet besonders Nephelinphonolithe, manchmal jedoch treten auch noch Nosean, Hauyn, Analcim, Sodalith oder Leucit dazu.

Karbonatite sind spezielle Vulkanite, die fast ausschließlich aus kristallisiertem Calcit bestehen und wenig Biotit, Apatit und andere Minerale enthalten.

Phonolithe findet man meist in Form von Kuppen, Karbonatite in Form von Intrusionen.

Basanite und Tephrite (Tiefengesteinsäquivalent: Theralith und Essexit).– Basanite sind Foidbasalte, Tephrite sind Foidandesite. Diese zwei Gesteinsarten sind schwer zu unterscheiden, da sie beide dunkel und dicht sind und Einsprenglinge von Feldspat, Olivin, Pyroxen und Nephelin enthalten. Mikroskopisch schwimmen Feldspat-, Pyroxen- und Olivinmikrolithe in einer glasigen Matrix, deren chemische Analyse zeigt, daß sie reich an Foiden ist. Es gibt Nephelin-, Leucit-, Hauyn- und Analcimbasanite und -tephrite.

Limburgit ist ein Nephelinbasanit, der reich an Augit- und Olivineinsprenglingen ist, die in einer glasigen Matrix schwimmen.

Ordanchite sind Tephrite, bei denen Hauyn in Form von kleinen blauen Kristallen reichlich vorhanden ist.

Basanite und Tephrite bilden Lavaströme, die manchmal die Ausdehnung von Basaltdecken erreichen.

Gesteine nur mit Feldspatvertretern (Foiden)

Nephelinite und Melilithite (Tiefengesteinsäquivalent: Ijolith). – Nephelinite bestehen hauptsächlich aus Nephelin und Pyroxen; Melilithite aus Melilith und Pyroxen. Es ist schwer, diese beiden Gesteine zu unterscheiden, da beide dunkel und dicht sind, mit wenigen makroskopisch erkennbaren Kristalleinschlüssen. Man findet sie in Form von Schlotfüllungen oder Lavaströmen.

Leucitite (Tiefengesteinsäquivalent: Missourite). – Dies sind helle, gräuliche bis bläuliche, ziemlich dichte Gesteine, sehr reich an Leucitkristallen mit Durchmessern von manchmal mehr als einem cm, umgeben von Pyroxen und Melilithkörnern. Dieses Gestein bildet kurze, wenig ausgedehnte Lavaströme.

Gesteine ohne helle Mineralien

Peridotite, Pyroxenite und Hornblendite. – Dies sind keine Effusivgesteine, sondern Tiefengesteine; man findet sie oft in Form von Einschlüssen in vulkanischen Bomben.

Peridotite sind körnig, oliv- bis dunkelgrün und bestehen hauptsächlich aus Peridot (Olivin) mit etwas Pyroxen, Amphibol, Biotit und gelegentlich auch Granat.

Pyroxenite sind dunkel und bestehen hauptsächlich aus Pyroxen und enthalten manchmal Granat.

Hornblendite sind dunkel und reich an grüner oder brauner Hornblende.

Man nimmt an, daß der obere Mantel der Erde aus Peridotit besteht.

Magmatologie

Die Magmatologie befaßt sich mit der Analyse von Magmen und ihrer Entstehung. Sie ist unentbehrlich für das Verständnis des Vulkanismus.

Definition

Magmen sind Silikatschmelzen, die Kristalle in Suspension und gelöste vulkanische Gase enthalten. Sie bilden sich innerhalb der Erdkruste und im oberen Mantel. Während ihres Aufsteigens zur Oberfläche machen sie im Zusammenhang mit dem hydrostatischen Druck und dem Dampfdruck der gelösten Gase verschiedene chemische Veränderungen durch. Man unterscheidet drei Magmenarten:

- das an Gasen untersättigte Hypomagma, das nur in der Tiefe existieren kann, wo der hydrostatische Druck größer als der Dampfdruck ist;
- das an Gasen übersättigte blasenführende Pyromagma, dessen Blasen sich von der Silikatschmelze trennen und das in den oberen Bereichen der Kruste vorkommt, wo der Gasdruck höher als der hydrostatische Druck ist;
- das weitgehend entgaste Epimagma, das die Hauptmenge des Gases während der vulkanischen Tätigkeit an die Atmosphäre abgegeben hat. Lava ist meist ein Epimagma, das sich an der Oberfläche ergießt und in Form von Vulkaniten erstarrt. Dieses Gestein enthält jedoch noch kleine Mengen an Gas innerhalb von Blasen oder in der glasigen Grundmasse.

Chemische Zusammensetzung

Das Magma besteht aus drei Phasen: Gas-, flüssige und feste Phase.

- die durchschnittliche Gasphase eines Magmas besteht aus:

H_2O: Wasserdampf bildet mehr als 90% der flüchtigen Bestandteile;

CO_2: Kohlendioxid ist reichlich vorhanden, besonders bei niedriger Temperatur;

CO: Kohlenmonoxid ist bei hohen Temperaturen reichlich vorhanden und steht im Gleichgewicht mit der Kohlensäure;

H_2: Wasserstoff ist bei hoher Temperatur von Bedeutung;

SO_2: das Anhydrid der schwefligen Säure ist häufig bei mittlerer Temperatur;

SO_3: das Anhydrid der Schwefelsäure ist manchmal reichlich vorhanden und wird zu Schwefelsäure;

H_2S: Schwefelwasserstoff ist charakteristisch für niedrige Temperaturen;

HCL: Salzsäure ist häufig bei den meisten Vulkanen (meist mit Fluorwasserstoffsäure und Bromwasserstoffsäure);

NH_3: Ammoniak ist üblich in den Fumarolen der Lavaströme, die Pflanzen bedeckt haben;

CH_4: Methan findet man nur gelegentlich;

B: Bor ist ziemlich selten und normalerweise im gleichen Verhältnis wie im Meerwasser vorhanden.

Diese Gase fördern kleine Mengen von Si, Na, Ca, Mg, Zn, As, Sn und Ag, die zum größten Teil an der Oberfläche ausfallen.

Der Ursprung der vulkanischen Gase ist sehr umstritten; einige sind wahrscheinlich primär magmatischen Ursprungs, andere sekundären Ursprungs durch Kontakt mit der Hydro- und der Atmosphäre.

• die durchschnittliche flüssige Phase eines Magmas enthält, ausgedrückt in % Oxidgewicht:

SiO_2	34 bis 76%	Na_2O	1 bis 11%
Al_2O_3	6 bis 24%	K_2O	0 bis 9%
Fe_2O_3	0 bis 7%	TiO_2	0 bis 4%
FeO	1 bis 23%	MnO	0 bis 1%
MgO	0 bis 25%	P_2O_5	0 bis 2%
CaO	1 bis 16%	H_2O	0 bis 4%

Zu diesen Oxiden kommt manchmal NiO, BaO, Cl, F, S usw. dazu, Elemente, die man hauptsächlich in sauren, seltener in basischen Magmen findet.

Diese Oxidanalyse entspricht fast allen Magmenarten außer den karbonathaltigen (Karbonatit des Kaiserstuhls), die fast ausschließlich aus Calciumkarbonat bestehen.

- die feste Phase eines Magmas enthält Kristalle, die sich schon in der Schmelze gebildet haben, sowie Nebengesteins- und Grundgebirgseinschlüsse.

Temperatur und Viskosität

Die Temperatur der Magmen kann man anhand thermometrischer Messungen der Laven, die normalerweise Temperaturen zwischen 950 °C und 1200 °C aufweisen, und anhand von Untersuchungen an Schmelzen schätzen. Man nimmt an, daß die Temperatur der sauren Magmen zwischen 750 °C und 900 °C, und die der basischen Magmen zwischen 1050 °C und 1250 °C beträgt. Diese Temperaturen hängen natürlich von dem hydrostatischen Druck und dem Dampfdruck in der Magmenkammer ab.

Es ist unmöglich, die genaue Viskosität oder den inneren Reibungskoeffizienten der Magmen zu bestimmen. Hingegen kann man die Viskosität eines Lavastroms errechnen und Versuche mit den Schmelzen unternehmen. Die Viskosität einer Schmelzmasse, ausgedrückt in Pas, ist dem Logarithmus des Drucks direkt proportional und umgekehrt proportional demjenigen der Temperatur. Es spielen jedoch bei der Viskosität der Magmen noch andere Faktoren eine Rolle, wie etwa die chemische Zusammensetzung der Schmelze und ihr Gasgehalt. So kommt es, daß die Viskosität zunimmt, wenn das Magma sich an Kieselsäure anreichert und abnimmt, wenn der Gasgehalt größer wird. Bei 1000 °C beträgt die Viskosität eines Basaltes 10^3 bis 10^4 Pas, die eines Andesits 10^4 bis 10^6 Pas und die eines Dacits 10^8 Pas. Am Ätna hat das Pyromagma eine Viskosität von 10 bis 10^3 Pas und das Epimagma 10^3 bis 10^4 Pas.

Verschiedene Magmentypen

Das Problem der verschiedenen Stammagmen ist sehr umstritten; für einige Wissenschaftler existiert nur eine Art Tiefenmagma, für andere wiederum gibt es zwei, ja sogar um die zehn. Wir werden zwei Haupt- und einige sekundäre Magmenarten unterscheiden.

Basaltisches Magma (basisch)

Basalte sind die mit Abstand am weitesten verbreiteten Vulkanite auf der Erdoberfläche. Man findet sie auf den Kontinenten genauso wie in den Meeren, aber man kann zwei Arten von Basaltmagmen unterscheiden: die Tholeiite, gesättigt, deutlich kieselsäurehaltig und die alkalischen untersättigten Basalte, die reich an Olivin sind. Die Tholeiite bilden sich unter schwächerem Druck und in geringerer Tiefe als die Alkalibasalte.

Die Tholeiite differenzieren sich in Andesite und Rhyolithe, die Alkalibasalte in Trachyte und Phonolithe.

Diese Unterscheidung ist vom Standpunkt der Magmatologie her wichtig, wir werden sie in der Petrographie jedoch nicht berücksichtigen.

Einige ganz sekundäre Magmenarten kann man mit Basalt in Verbindung bringen, wie die Tephrite, Basanite und Nephelinite. Sie stellen nur $\frac{1}{20}$ bis $\frac{1}{10}$ der Basaltmasse dar. Die Karbonatite, spezielle und verwirrende Laven, entstammen einer letzten Restschmelze eines basischen kohlensäurereichen Magmas.

Rhyolithisches Magma (sauer)

Rhyolithe und Dacite nehmen volumenmäßig den zweiten Platz auf der Erdoberfläche ein. Man findet sie hauptsächlich in orogenen Zonen in Form von Ignimbritdecken. Einige Andesite und Trachyte findet man in den gleichen Gebieten, sie haben eine mittlere Ausdehnung.

Eine statistische Untersuchung der SiO_2-Anteile (in Vol.-%) hat gezeigt, daß es deutlich zwei Maxima für die gesamten Vulkanite der Erde gibt: eines bei 50%, das andere bei 65% SiO_2. Sie entsprechen dem basaltischen und dem rhyolithischen Magma. Der Ursprung des ersteren ist vor allem im Mantel zu suchen, der des letzteren in der Erdkruste. Die wesentlichen Punkte der Magmatologie erklären sich durch diese Bimodalität.

Entwicklungsprozeß

Ein Vulkankomplex besteht nicht aus Gestein irgendeiner petrographischen Beschaffenheit, zufällig entstanden an einem bestimmten Punkt. Ganz im Gegenteil stellt man fest, daß die Gesteine Sippen bilden, die mineralogisch und chemisch genau definiert sind: die magmatischen Assoziationen. Auf den ersten Blick erscheinen koexistierende Basalte, Andesite, Dacite und Rhyolithe wegen ihrer Verschiedenartigkeit einander vollkommen fremd. Die chemische Analyse dieser Laven zeigt, daß sie im Grunde eine Serie bilden, in der die Variationen kontinuierlich und oft linear sind. Die Gehalte an Aluminium, Eisen, Calcium und Alkalien schwanken regelmäßig in Abhängigkeit vom Kieselsäuregehalt. Diese Gesteine bilden eine fest umrissene magmatische Vergesellschaftung. Jede Entwicklung eines Magmas tendiert normalerweise zu einer Anreicherung an Alkalien (Na, K), Kieselsäure (Si) und Eisen (Fe).

Der Mechanismus dieser Entwicklungsphänomene ist entweder eine Differentiation oder eine Assimilation, oder eine Anatexis, oder auch die Verbindung zweier oder aller drei Vorgänge.

Differentiation

Man spricht von Differentiation, wenn ein Magma sich spontan in chemisch ungleiche Teile aufspaltet. Man unterscheidet die gravitative und die pneumatolytische Differentiation.

Gravitative Differentiation. – In einem basaltischen Magma haben die zuerst gebildeten Kristalle wie Olivin und Pyroxen, die dichter sind als die Schmelze, die Tendenz abzusinken und sich in der Tiefe der Magmenkammer anzusammeln. Auf die Dauer wird sich im unteren Teil der Kammer ein basischeres Magma, reich an Calciumoxid, Eisen und Magnesium, bilden und im oberen Teil ein Kieselsäure-, aluminium- und alkalireicheres Magma mit flüchtigen Bestandteilen. Das ist eine gravitative Differentiation.

Dieses Phänomen wird noch verstärkt, wenn die so differenzierten Magmen sich auf weitere Magmenkammern verteilen. Dies führt zu basaltischen, andesitischen, trachytischen und phonolithischen Magmen, die sich wiederum gravitativ differenzieren können, bis zur Bildung einer sehr großen petrographischen Vielfalt, deren Glieder aber untereinander alle verwandt bleiben. Diese oben beschriebene Differentiation erfolgt „per descensum", es ist ein Ausfällungsprozeß.

Es gibt eine Differentiation „per ascensum" oder durch Aufschwimmen, wenn die Kristalle leichter als die Restschmelze sind. Dieser Mechanismus tritt besonders bei Kristallen mit geringem spezifischem Gewicht ein, die ziemlich groß und durch Gasblasen leichter sind. So kann sich im oberen Teil der Magmenkammer in großem Umfang geradezu ein Schaum von Feldspat- und Foidkristallen bilden; dies ist bei den Leucititen des Vesuvs der Fall. Es sei vermerkt, daß die gravitative Differentiation nur dann von Bedeutung ist, wenn das Magma lange in der Tiefe verweilt, da dieser Prozeß sehr langsam erfolgt.

Pneumatolytische Differentiation. – Die vulkanischen Gase, die in dem Magma enthalten sind, steigen an Stellen geringeren Druckes auf und führen selektiv große Mengen an Alkalien und anderen Elementen wie Eisen, Titan, Phosphor, Lithium und Beryllium mit sich: das versteht man unter pneumatolytischer Differentiation durch Transport in der Gasphase. Der obere Teil der Magmenkammer wird mit Gas angereichert, während der untere Teil nach Entzug der pneumatophilen Substanzen reicher an Calcium, Magnesium und

Kieselsäure wird. Bei großen Vulkanausbrüchen gelangt ein Teil der pneumatophilen Elemente durch den Krater in die Atmosphäre. Die Gase, die diese Substanzen mit sich führen, müssen dem Vulkan entweichen können, damit die pneumatolytische Differentation von Bedeutung sein kann. Wenn der Magmenherd hermetisch abgeschlossen ist, findet dieser Prozeß nicht statt, da die Gase nicht zirkulieren können.

Assimilation

Man spricht von Assimilation, wenn ein Magma fremde Gesteine anderer Zusammensetzung aufnimmt, sich an mehreren Elementen anreichert und sich „kontaminiert". Es können Gesteine von den Wänden der Magmenkammer oder Einschlüsse und Xenolithe, die in der Schmelze schwimmen, assimiliert werden. Vom physikalisch-chemischen Standpunkt her, ist die Assimilation ein Materieaustausch zwischen dem einverleibten Gestein und dem Magma, ein Austausch, der sich dem Diffusionsgesetz gehorchend bis zur kompletten Homogenisierung fortsetzt. Mineralogisch gesehen verschwinden alte Minerale und erscheinen neue Minerale, etwa wie bei der Metamorphose. Je größer das chemische Ungleichgewicht zwischen den das Magma umgebenden Gesteinen oder den Einschlüssen und dem Magma ist, desto schneller läuft die Assimilation ab; so kommt es, daß ein saures Magma leicht ein basisches Gestein wie Kalkstein assimilieren wird, aber nur schwer ein saures Gestein wie Sandstein. Die Assimilation von Sandsteinen fügt dem Magma Kieselsäure hinzu, die Assimilation von Tonen Aluminium und Kieselsäure und die von Kalken Calcium und Magnesium; im letzteren Fall wird das Magma unterkieselt; ein Basalt wird zu Tephrit oder Nephelinit, ein Trachyt zu Leucitit.

Anatexis

Man spricht von Anatexis, wenn Gesteine in der Erdkruste teilweise oder ganz aufgeschmolzen werden. Ein bedeutender Temperaturanstieg in Krustengesteinen führt zu einer Aufschmelzung, die ein Magma von hauptsächlich rhyolithischer Natur ergibt, das vorher bereits bestehende Kristalle enthält. Diese Aufschmelzung in der Erdkruste läßt große saure Magmenkammern entstehen, deren entsprechende Oberflächenäquivalente die Ignimbritdecken sind. Ein basaltisches Magma, das in die Erdkruste eindringt, kann auch eine partielle Anatexis der umgebenden sauren Gesteine verursachen.

Differentiation, Assimilation und Anatexis gehen in den Magmenkammern oft gleichzeitig vor sich.

Kristallisation

Die Kristallisation ist ein exothermer Prozeß, der dann einsetzt, wenn die Temperatur des Magmas durch Hitzeverlust an die Nebengesteine absinkt. Während der Abkühlung eines Magmas werden die Silikate in einer ganz bestimmten Reihenfolge, bei Temperaturen zwischen 1500°C und 500°C und einem gegebenen Druck, kristallisieren.

Aus einem kieselsäurereichen Magma werden nacheinander folgende Minerale kristallisieren: Olivin, Pyroxen, Amphibole, basische Plagioklase, Glimmer, saure Plagioklase und Quarz; dies ist eine fraktionierte Kristallisation. Bei fortschreitender Abkühlung wird das Restmagma an Magnesium, Calcium, Aluminium und Eisen verarmen – alles Elemente, die Bestandteile von Hochtemperaturmineralen sind; dadurch wird es sich an Kieselsäure, Natrium und Kalium anreichern – Elemente, die in Niedrigtemperaturminerale eingehen. Dieser Prozeß ist kompliziert, weil die Erstkristallisate im Restmagma bei niedriger Temperatur oft instabil sind. Sie werden wieder aufgelöst und ihre Elemente bilden neue, stabile Minerale unter neuen Temperaturbedingungen. Zum Beispiel der bei hoher Temperatur in Gegenwart von Kieselsäure sehr stabile Olivin wird – während einer langsamen Abkühlung – durch Pyroxen ersetzt, dieser wieder durch Amphibol, der verschwindet, wenn der Biotit kristallisiert. Es handelt sich hierbei um eine Reaktionsabfolge. Ebenso folgen bei Abkühlung des Magmas die basischen, intermediären und sauren Plagioklase einander in der Kristallisationsordnung Anorthit, Bytownit, Labradorit, Andesin, Oligoklas, Albit. Es sei angemerkt, daß bei sehr rasch abkühlendem Magma die Hochtemperaturminerale erhalten bleiben und sich nicht umwandeln.

Von einem kieselsäurearmen Magma ausgehend, werden bei langsam absinkender Temperatur die Alkalifeldspäte durch Foide ersetzt, der Albit durch Nephelin und der Orthoklas durch Leucit.

Ursprung der Magmen

Der Ursprung der Magmen ist sehr umstritten.

Man erklärt die Aufschmelzung der Gesteine in der Erdkruste und im Mantel entweder durch eine Akkumulation von radioaktiven Substanzen, die genügend radiogene Hitze produzieren, oder durch tektonische Bewegungen oder Erdbeben, deren Energie sich in Hitze verwandelt, oder auch durch einfachen Druckabfall, der eine lokale Aufschmelzung verursacht. Keine dieser Erklärungen ist ganz befriedigend und die Problemstellung bleibt.

Ausbruchsmechanismen (Farbbilder 4–13, S. 138–143)

Die verschiedenen Ausbruchsmechanismen führten zu zahlreichen mehr oder weniger willkürlichen Klassifizierungen, von denen einige für ein besseres Verständnis des Vulkanismus von Interesse sind. Um die verschiedenen Ausbruchsformen einzuordnen, haben die Vulkanologen verschiedene Kriterien benutzt, wie etwa die Lage, die Bauform oder das Alter der Vulkane. Es scheint allerdings, daß die Förderprodukte der Vulkane (Gas, Lava, pyroklastische Produkte) die beste Klassifikation erlauben. Man sollte nicht behaupten, daß ein Vulkan einen bestimmten Typus vertritt, dem er während seiner gesamten Tätigkeit angehört. Nehmen wir z. B. den Vesuv, der während eines einzigen Ausbruchs nacheinander verschiedene Ausbruchsformen zeigte, nämlich eine strombolianische, eine vulcanianische, eine peléanische und eine hawaiianische.

Bei einem bestimmten Vulkan kann man jedoch sagen, daß er zu einer bestimmten Zeit eine bestimmte Ausbruchstätigkeit hat. Man sollte daher nicht von einem strombolianischen, vulcanianischen oder hawaiianischen Vulkan sprechen, sondern von einer Ausbruchstätigkeit des einen oder anderen Typs.

Der Vulkanismus ist in Europa so verschiedenartig, daß man hier alle Tätigkeitsformen antrifft, die in der Welt beschrieben wurden. Wir werden sie hier kurz besprechen.

Hawaiianische und Spalteneruptionen

Die hawaiianische Tätigkeit ist durch sehr dünnflüssige basaltische Laven charakterisiert. Sie brechen in Fontänen von mehreren hundert Metern Höhe hervor, breiten sich in ausgedehnten Decken aus oder sprudeln in einem Lavasee. Diese Lavaergüsse bilden sehr niedrige Kuppen mit geringer Hangneigung, die man Schildvulkane nennt.

Der Skjaldbreidur in Island hatte mehrere Ausbrüche dieses Typs.

Die Spaltenausbrüche unterscheiden sich davon dadurch, daß sich eine Riesenspalte von mehreren km Länge öffnet, aus der enorme Mengen flüssiger Lava ausfließen, die sich über weite Flächen ausbreiten. Manchmal wird ein solcher Ausbruch von einer explosiven Tätigkeit begleitet und zahlreiche kleine Nebenkegel reihen sich entlang der Spalte auf. Der Ausbruch des Laki in Island im Jahre 1783 ist hierfür das charakteristischste Beispiel.

Diese beiden Ausbruchstypen nehmen manchmal riesige Ausmaße an. Die Lavaströme – normalerweise basaltisch – können sehr große Ausdehnungen erreichen, sich übereinanderlagern und somit die berühmten Plateaubasalte bilden, die typisch für den Osten und Westen Islands sind.

Stoßkuppen des Peléanischen Typs

Wenn ein Magma hoch viskos ist, also normalerweise sauer, kann es sich beim Verlassen des Förderschlotes nicht ausbreiten und steigt dann über den Kraterrand aus dem Schlot und bildet eine peléanische Stoßkuppe, je nach Form auch Staukuppe genannt. Der Puy de Dôme und der Sarcouy in der Auvergne, der Baula in Island und der Kameni in Griechenland sind gut erhaltene peléanische Stoßkuppen.

Strombolianische Tätigkeit

Über längere Zeit zeigt die strombolianische Tätigkeitsform wechselnde Phasen von effusiver und explosiver Tätigkeit. Wenn man einen Längsschnitt durch den kegelförmigen Vulkan macht, sieht man eine Wechselfolge von asche- und bombenreichen Schichten und von Lavadecken. Dies ist ein Stratovulkan. Die typische strombolianische Tätigkeit, charakterisiert durch den Auswurf von Schmelzprodukten und durch Lavaströme, ist normalerweise eine regelmäßige Tätigkeit und weist sogar eine gewisse Periodizität auf. Man hat diese Art von Tätigkeit am Stromboli in Italien definiert; sie ist häufig anzutreffen, z. B. in der Chaîne des Puys und am Velay in Frankreich, bei vielen italienischen, isländischen, deutschen und griechischen Vulkanen. Die sich daraus ergebenden Vulkangebäude sind einfache geschichtete Kegel.

Ausbrüche des vulcanianischen Typs

Wenn die Schmelze sehr viskos und sauer ist, bahnt sie sich nur schwer einen Weg; der Gasdruck ist derart hoch, daß es zu einer gewaltigen Explosion kommen kann, die dann oft bis mehrere hundert Meter hoch Asche, Schlacken, Brotkrustenbomben und Blöcke ausschleudert. Diese Art von Tätigkeit kann rhythmisch verlaufen, große Gaswolken voll Asche werden alle paar Minuten bis alle paar Stunden ausgestoßen. Lavaströme sind wegen der Zähflüssigkeit der Lava überaus selten. Die Form des entsprechenden Vulkantyps ist im allgemeinen ein ziemlich niedriger Kegel, der hauptsächlich aus Aschen und Blöcken besteht. Diese Tätigkeitsform wurde am Vulcano, Italien, definiert.

Der berühmte Ausbruch des Vesuvs im Jahre 79 nach Chr. war ein typischer Ausbruch dieser Art, den man plinianisch nannte, zu Ehren von Plinius dem Jüngeren, der diesen Ausbruch beschrieben hat.

Glutwolkenausbrüche

Wenn der Gasdruck in einem von sauren Produkten gefüllten Schlot enorm ansteigt, kann eine riesige Spalte aufbrechen, aus der eine Glutwolke hervorbricht, ein ausgesprochener Sprühregen von glühenden Lavatropfen und Blöcken von allen Größen. Die Glutwolken können mit Geschwindigkeiten von mehreren hundert km/h den Hang hinunterrasen. Aufgrund ihrer Temperaturen von mehreren hundert Grad vernichten sie alles auf ihrem Weg. Dieses grandiose Phänomen kann man mit überkochender Milch vergleichen, die aus einem überhitzten Topf läuft. Die Glutwolken dehnen sich oft über große Flächen aus und ebnen so das Relief der Landschaft ein. Volumenmäßig rangieren sie gleich nach den Plateaubasalten. Diese Produkte, einmal abgekühlt und mehr oder weniger erstarrt, nennt man, wenn sie reich an Blöcken sind, Tuffe, wenn sie aus Lavatropfen und verschweißten Kristallsplittern bestehen Ignimbrite. Die charakteristischsten Ignimbrite findet man am Monte Amiata in Italien, aber auch in Thorsmörk in Island, am Mont-Dore und im Cantal in Frankreich sowie am Santorin in Griechenland.

Explosive Ausbrüche

Sie sind charakterisiert durch sehr große Gasmengen und einen sehr hohen Druck während der Kraterbildung. Diese erstaunliche Tätigkeitsform kommt plötzlich und erschöpft sich in einer Explosion, die die Gesteinsmassen über dem Herd, in dem sich große Mengen Gas unter Druck angesammelt haben, durchschlägt. Diese heftige Explosion schleudert Asche, Bomben und Blöcke aller Größen und verschiedenster Herkunft in die Luft. Um den kreisförmigen Explosionstrichter bildet sich manchmal ein Wall von pyroklastischen Produkten. Solche explosiven Ausbrüche haben auf der Schwäbischen Alb, wo die Ausbrüche Kalksteine durchschlagen haben, und in der Eifel, wo sie durch zahlreiche Maare vertreten sind, viele Male stattgefunden. Der Gour de Tazenat und die Cheminée d'Eglazine in Frankreich sowie der Graenavatn in Island sind ebenfalls durch diese Tätigkeitsform entstanden. Die explosiven Ausbrüche verlaufen manchmal in riesenhaften Dimensionen und verursachen dann Krater von sehr großem Ausmaß, sogenannte Calderen. Es sei angemerkt, daß die vulkanischen Explosionen nicht nur „Kraterkessel" verursachen, sondern auch lineare Einbrüche wie die 34 km lange Eldgjà-Spalte in Island. Die explosiven Ausbrüche werfen noch zahlreiche Fragen auf, weil man oft nicht die geringste Spur von Lava oder Magma findet.

Mit Einbrüchen verknüpfte Ausbrüche

Wenn ein Vulkan während seiner langen Existenz große Mengen Material fördert, leert sich seine Magmenkammer mehr oder weniger, so daß der Teil, der darüber liegt, einbricht und einen riesigen Einbruchskessel bildet, den man Caldera nennt. Die Calderen des Somma-Vesuvs, vom Valle del Bove des Ätna, vom Askja in Island, vom Santorin in Griechenland, verdanken wahrscheinlich ihren Ursprung derartigen Einbrüchen. Diese Calderen können auch linear angeordnet sein und Gräben bilden, wie etwa den Gipfel des mittelatlantischen Rückens, der durch Island läuft, die Limagne in Frankreich und den Rheingraben.

Subaquatische und subglaziale Tätigkeit

Wenn die vulkanische Tätigkeit in Kontakt mit Wasser stattfindet, entstehen bestimmte charakteristische Oberflächenformen und spezielle vulkanische Produkte. Bei einem untermeerischen Ausbruch in 1000, 2000 oder 5000 m Tiefe kann man an der Meeresoberfläche keinerlei Anzeichen davon feststellen, da der Druck der Wassersäule zu hoch ist, um die Tätigkeit heftig werden zu lassen: die Gase werden gelöst. Hingegen wenn der Vulkan aus dem Meer ragt, verursacht der Kontakt von Lava mit Meerwasser eine starke exotherme Reaktion, die Explosionen mit zypressoiden Wolken verursacht. Das schmelzflüssige Gestein zerspringt und ergibt Hyaloklastite und Kissenlaven. Von dem Moment an, in dem das Magma nicht mehr in Kontakt mit Meerwasser ist, geht die Entwicklung des Vulkans wie bei Festlandsausbrüchen vonstatten. Die submarine Tätigkeitsform wird oft von bedeutenden Flutwellen begleitet, die durch senkrechte Bewegungen des Vulkans entstehen. Die während eines solchen Ausbruchs geförderten Laven sind normalerweise basisch. Surtsey in Island ist hierfür ein gutes Beispiel. Die vulkanische Tätigkeit kann auch in einem See stattfinden, wie es in der Limagne in Frankreich der Fall war; dann bilden sich Peperite.

Manche Vulkane sind mit Eis bedeckt, das sie während eines Ausbruchs teilweise zum Schmelzen bringen. Schlammströme bilden sich und fließen, alles auf ihrem Weg vernichtend, die Hänge des Vulkans hinab. Der Katla und der Grîmsvötn in Island sind sehr gefährliche subglaziale Vulkane. Wenn das Eis geschmolzen ist, präsentieren sich diese hauptsächlich aus Palagonit bestehenden Vulkane geomorphologisch als Tafelberge, so wie der Herdubreid in Island.

Postvulkanische Erscheinungen

Es gibt zahlreiche verschiedene postvulkanische Erscheinungen. Drei davon sind charakteristisch: die heißen Quellen und Geysire, die Solfataren und Mofetten und die heißen Fumarolen. Sie sind im Abschnitt über Petrographie näher behandelt worden.

Alte Vulkane sind oft abgetragen. Die Lavaschlote können bloßgelegt werden und als solche erhalten bleiben: „Schlotpfropfen". Lange mit Lava gefüllte Spalten, an denen einige Ausbrüche stattfanden, werden herauspräpariert und bilden Eruptivgänge; sie können geradlinig, kurven-, kreis- oder kegelförmig sein. Gewisse Lavaintrusionen liegen konkordant zwischen zwei Lagen eines Stratovulkans, das sind sogenannte Lagergänge (Sills). Tiefer in den Vulkanen befinden sich Magmenlinsen, Lakkolithe genannt. Wenn die Abtragung sehr intensiv ist, können sogar die eigentlichen Magmenkammern freigelegt werden, hierbei handelt es sich dann um Batholithe.

Literatur

Aubert de la Rüe, E. (1958): L'homme et les volcans. – (Gallimard)

Binggelli, V. (1965): Vulkane. – (Paul Haupt)

Brinkmanns Abriß der Geologie, Bd. 1, Allgemeine Geologie. 13. Aufl., bearb. von W. Zeil (1984) – (Enke)

Bullard, F. M. (1962): Volcanoes in history, in theory, in eruption. – (University of Texas Press)

Cotton, C. A. (1944): Volcanoes as landscape forms. – (Whitcombe Tombs)

Francis, P. (1976): Volcanoes. – (Penguin Books)

Green, J. & Short, N. M. (1971): Volcanic landforms and surface features. – (Springer Verlag)

Herrmann, E. (1963): Die Werkstatt Vulkans. – (Safari Verlag)

Jubelt, R. (1978): Mineralien. Sammeln, Bestimmen, Vorkommen, Merkmale. – (Enke)

Jubelt, R. & Schreiter, P. (1981): Gesteine. Sammeln, Bestimmen, Vorkommen, Merkmale. 5. Aufl. – (Enke)

Krafft, M. (1971): Volcans et tremblements de terre. – (Deux Coqs d'Or)

Krüger, C. (1970): Vulkane. – (Schroll Verlag)

Lacroix, A. (1904): La Montagne Pelée et ses éruptions. – (Masson)

Macdonald, G. A. (1972): Volcanoes. – (Prentice Hall)

Murawski, H. (1983): Geologisches Wörterbuch. 8. Aufl. – (Enke)

Ollier, C. (1969): Volcanoes. – (Mit Press)

Orcel, J., & Blanquet, E. (1953): Les volcans. – (Bourrelier)

Pape, H. (1975): Leitfaden zur Gesteinsbestimmung. – 3. Aufl., (Enke)

Pfeiffer, L., Kurze, M. & Mathé, G. (1981): Einführung in die Petrologie. – (Enke)

Rast, H. (1983): Vulkane und Vulkanismus. 2. Aufl. – (Enke)

Rittmann, A. (1981): Vulkane und ihre Tätigkeit. 3. Aufl. – (Enke)

Rittmann, A. (1966): Magmas. – In: International Dictionary of Geophysics. – (Pergamon)

Allgemeine Hinweise (Farbbilder 14–16, S. 143–144)

Das Gelingen einer geologischen Exkursion hängt vor allem von der Ausrüstung des Vulkanologieamateurs und von seinem Verhalten im Gelände ab. Die Grundausrüstung ist die des Geologen: ein guter Hammer, einige Meißel, ein Kompaß, eine Lupe, Tüten für Proben mit Etiketten, Photoapparat und – was man oft vergißt – Notizbuch und Bleistift. Um sich leicht orientieren zu können, wird empfohlen, topografische und geologische Karten mitzunehmen. Manche Vulkane liegen hoch, das Gelände ist oft gebirgig, man braucht dann warme, wasserdichte Kleidung und gutes Schuhwerk; ein Seil im Rucksack kann immer nützlich sein. Wenn man sich eine thermale Zone oder einen aktiven Vulkan zum Ziel gesetzt hat, braucht man zumindest einen Helm, eine Gasmaske mit Aufsatz oder ein feuchtes Taschentuch, und säurebeständige Kleider. Asbest-Handschuhe sind nützlich für das Sammeln von Sublimaten um die Fumarolen. Ein Thermometer oder besser ein kleines Thermoelement gibt einfache, wenn auch manchmal falsche Hinweise über die Tätigkeit des Vulkans. Weil Thermalquellen und aktive Vulkane dynamische Phänomene zeigen, ist eine Filmkamera nützlich. Wichtig ist eine gute Taschenlampe, weil man einen Vulkan wegen der Schönheit des Geschehens oft nachts beobachtet. Gegen eventuelle Verbrennungen, verursacht durch heiße Stellen bei Vulkanen oder heiße Quellen, braucht man unbedingt Spezialverbände für Brandwunden. Photo- und Kameraausrüstung schützt man gegen Asche und Gasausdünstungen mit Plastiktüten, ein wirksamer Schutz, der überdies platzsparend und billig ist.

Bevor man ein Vulkangebiet betritt, sollte man zunächst einmal entsprechende Literatur lesen. Im Gelände, ruhig, besonnen und methodisch handeln. Überstürztes Handeln, um Zeit zu gewinnen, endet stets mit einem Mißerfolg. Da die besuchten Gebiete oft Gruben oder Steinbrüche sind, sollte man den Besitzer um Erlaubnis zum Betreten fragen. Wenn er Ihnen diese Erlaubnis erteilt, mißbrauchen Sie sie nicht und denken Sie daran, daß andere nach Ihnen das gleiche zu finden hoffen; man sollte daher die Fundstätten nicht plündern. Da die Aufschlüsse im allgemeinen aus lockeren Gesteinen bestehen, sollte man besonders bei starken Wind nicht zu nah an steile Wände von Gruben und Steinbrüchen herangehen; der Helm ist eine elementare Schutzmaßnahme. Man sollte jeden Aufschluß fotografieren, und die Probennahme sollte sorgfältig gemacht werden; jedes Gestein wird mit Nummer, Datum, Name, Herkunft und Bemerkungen versehen und verpackt. Eine unbezeichnete Probe hat überhaupt keinen wissenschaftlichen Wert. Sobald der Amateur wieder zu Hause ist, sollte er die Proben waschen und sie sorgfältig ordnen. Die Bilder sollten entwickelt und mit Nummer und Datum versehen werden. Einige Proben, wie etwa Sublimate, sind schwer zu transportieren; sie sind oft bröckelig und ihre Säure greift Papier, Pappe und Stoff an.

In thermalen Zonen und auf Vulkanen muß man zusätzliche Vorsichtsmaßnahmen beachten, weil der Boden leicht einbricht und oft glühend heiß ist. Vom Wind niedergedrückte Gasansammlungen überraschen den Unvorsichtigen. Man sollte sich nie zu nah an den Rand eines aktiven Vulkans oder eines Lavastroms wagen, weil schnell ein Unfall passiert ist. So kann es vorkommen, daß Lavaergüsse den Unvorsichtigen umringen oder Regen von vulkanischen Bomben auf ihn fallen. In diesen Gebieten kommt die Gefahr immer daher, von wo man sie nicht erwartet. Nur ein Fachmann kann sich erlauben an die glühenden Krater heranzutreten, und auch er tut es nie allein und nur nachdem er den Vulkan lange genug beobachtet hat. Man nähert sich einem Krater weder bei schlechtem Wetter noch bei Nacht. Man muß seine Kräfte sparen, um im Notfall sehr schnell flüchten zu können. Was auch immer passiert, es gilt Ruhe zu bewahren. In jedem Fall rechtfertigen nur wissenschaftliche Zwecke ein solches Abenteuer. Zur Orientierung ist ein Kompaß manchmal nicht das Richtige; die Magnetnadel zeigt wegen magnetithaltiger Laven oft in die falsche Richtung.

Der gute Vulkanologie-Amateur ist derjenige, der die Vulkane lange genug betrachtet und beobachtet; er ist also nicht ein Mann, der sich aus Lust an unnützen und dummen Großtaten in aktive Krater hineinstürzt.

Vulkane auf Island

Island, eine ausschließlich vulkanische Insel, ist ein Paradies für Vulkanologen. Die Gesamtfläche des Eilands beträgt 103 000 km^2; 99,9% der Gesteine bestehen aus Vulkaniten, der Rest sind marine und kontinentale Sedimentablagerungen. Der älteste Basalt hat ein Alter von 20 Millionen Jahren und stammt aus dem Miozän.

Die Bedeutung des isländischen Vulkanismus beruht wahrscheinlich auf der Tatsache, daß diese Insel an der Kreuzung des mächtigen mittelatlantischen Rückens und des Schottland-Grönland oder Wyrville-Rückens liegt. Die gesamte isländische Geologie vom Tertiär zum Quartär und bis ins 20. Jahrhundert erklärt sich durch diese beiden Gebirge im Ozean.

Allgemeine Vulkanologie

Geologischer Bau

Ein kurzer Blick auf eine geologische Karte von Island genügt, um zu sehen, daß das Land in zwei große Gebiete geteilt ist: im Osten, Nordwesten und Westen befinden sich die Hochebenen aus tertiärem Basalt, die bis zu 200 km Breite erreichen; im Zentrum liegt der Zentralgraben – im Norden 120 km und im Süden 250 km breit – der den Plateaubasalt zweiteilt; hier ist einerseits der subglaziale Vulkanismus mit Palagonit sowie andererseits der ganze postglaziale oder rezente Vulkanismus zu finden. Zu diesem Graben gehören auch die Halbinsel Snaefellsnes und das Gebiet südöstlich vom Öraefajökull. Der Zentralgraben ist die eigentliche Symmetrieachse des isländischen Vulkanismus. Je mehr man sich nach Osten oder Westen von dieser zentralen Einbruchzone entfernt, desto mehr nimmt das Alter der Vulkane zu – vom jüngeren Quartär bis zum mittleren Tertiär. Diese Anordnung in parallelen Zügen, die im Süden in Nordost-Südwest-Richtung und im Norden in Nord-Süd-Richtung laufen, läßt sich durch die Kontinentalverschiebung erklären.

1) Die Plateaubasalte

Die Plateaubasalte bilden insgesamt 50% der Fläche Islands; es sind die ältesten Ergüsse des Landes. Ihr Alter reicht vom Miozän bis zum jüngeren Tertiär. Die Basaltergüsse erreichen mit einigen sauren

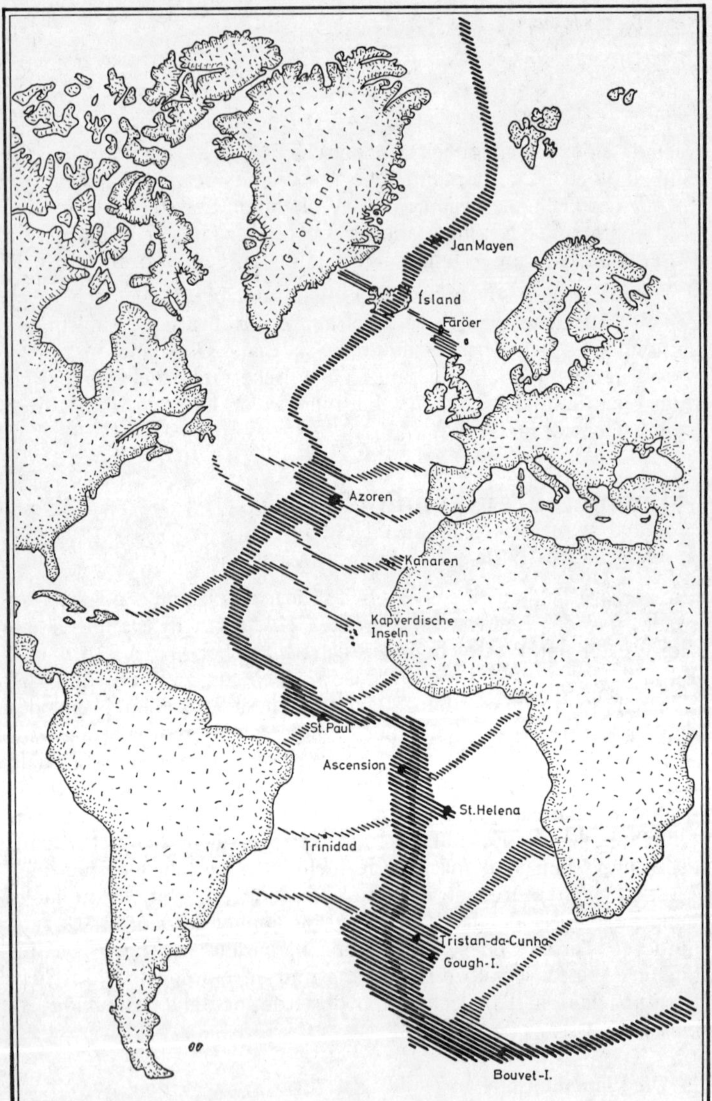

Abb. 2 Skizze des mittelatlantischen Rückens (aus *Schutzbach, W.* [1967]: Island, Feuerinsel am Polarkreis. – Bonn [Dümmler])

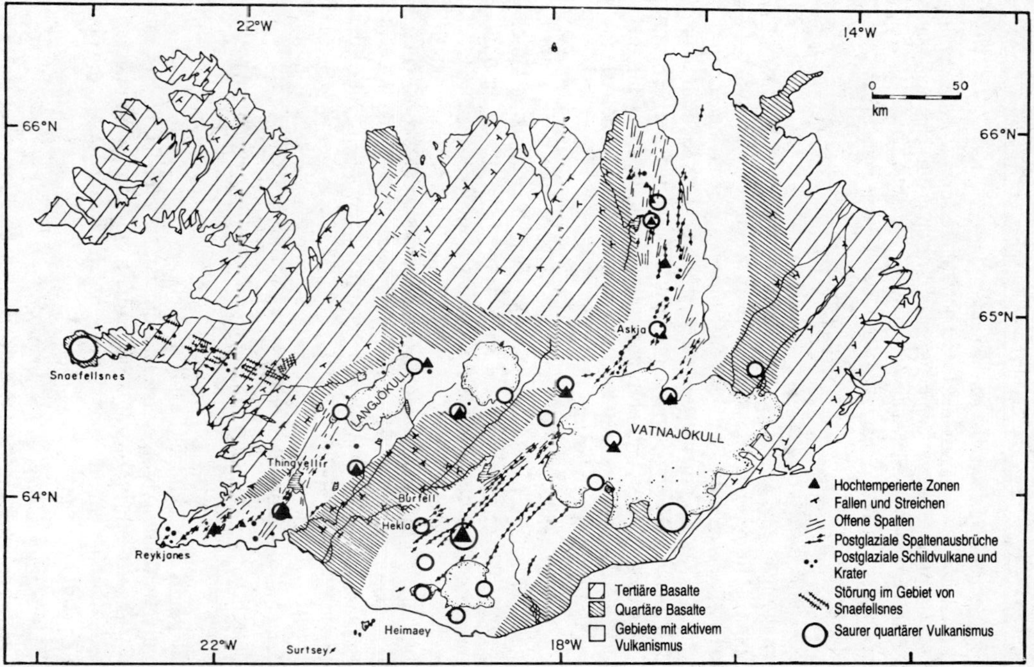

Abb. 3 Vulkano-tektonische Skizze von Island (nach *Ward, P., Palmason, G.* und *Drake, C.* [1969]. – J. Geophys. Res., 74 [2], Richmond [Virg.])

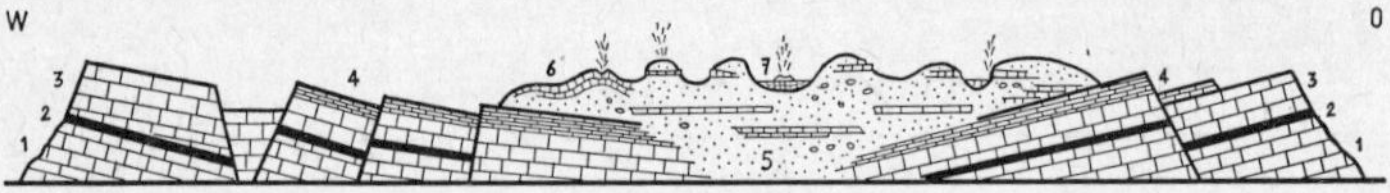

Abb. 4 Schematisches Profil durch Island

1, 3 und 4 tertiäre Plateaubasalte; 2 Einschaltungen sedimentärer Ablagerungen; 5 Palagonite; 6 und 7 jungquartärer und rezenter Vulkanismus. Man beachte das Einfallen der Plateaubasalte zum Zentralgraben hin

(nach *Bardarson,* aus *Schutzbach, W.* [1967]: Island, Feuerinsel am Polarkreis. – Bonn [Dümmler])

Einschaltungen eine Mächtigkeit von beinahe 10 km. Dieser gesamte Komplex ist im Zentrum Islands eingebrochen; er bildet im Ost-West-Profil ein mächtiges V, dessen Konvergenzpunkt der Zentralgraben ist. Das allgemeine Gefälle beträgt 4–7° in Richtung zum Landesinneren. Dieser Plateaubasalt war einer intensiven Erosion unterworfen und überragt heute selten 1200 m Höhe. Die Gletscher haben die Lavaergüsse abgetragen und so die vielen schönen isländischen Fjorde entstehen lassen.

Der tertiäre Plateaubasalt-Vulkanismus war sicher das bedeutendste Ereignis der isländischen Geologie. Obgleich diese Vulkane durch die Erosion abgetragen wurden, sind sie noch heute wegen ihrer unzähligen geschichteten Lavaströme recht eindrucksvoll. Die Geologen haben bewiesen, daß es viele Zentralvulkane aus Basalt, Rhyolith und intermediären Gesteinen gibt, die in den „klassischen" Basaltergüssen versunken sind. Sie haben eine große Rolle im Aufbau der Basaltplateaus gespielt; ein berühmtes Beispiel hierfür ist der Breiddalur in den östlichen Fjorden.

2) Der Zentralgraben

Er besteht aus der palagonitischen Abfolge und rezentem Vulkanismus.

a) Palagonitische Abfolge (Farbbild 17, S. 145)

Die palagonitische Abfolge erstreckt sich vom oberen Tertiär bis zur letzten Eiszeit im Pleistozän. Sie enthält eine große Vielfalt an Gesteinen, die man in drei Hauptgruppen einteilt. Es sind vom ältesten zum jüngsten:

- die alten grauen Basalte

Die alten grauen Basalte ähneln den Plateaubasalten, aber sie sind ein wenig heller und körniger. Sie bilden den Grabenrand aber kommen auch zwischen den Flüssen Hvitá und Thjórsà im Horst von Hreppar vor.

• die palagonitische Abfolge im engeren Sinne

Die eigentliche palagontische Abfolge, auch „Móberg“ genannt, bildet die größte Masse der während der Eiszeiten gebildeten Vulkanite. Sie besteht aus Palagonit, einem gelblichbraunen hydratisierten und oxydierten Basaltglas, aus Breccien und Hyaloklastiten. Pillow-Laven findet man fast überall in diesen Bildungen. Die Morphologie der vulkanischen Erscheinungen ist vollkommen abhängig vom Eis, das sie bedeckte. Zwei Formen überwiegen: die Rücken (auf isländisch „hryggir“) und die Tafelberge (auf isländisch „stapar“). Die typischen Rücken sind die von Sveifluháls auf der Halbinsel Reykjanes, von Tindaskagi und Kàlfstindar östlich von Thingvellir sowie die von Namafjall-Dalfjall östlich von Myvatn. Sehr schöne Beispiele für Tafelberge sind Bláfjall, Búrfell, Herdubreid („König der Berge“) und Hlödufell. Die Höhe der Tafelberge entspricht grob der Höhe des Inlandeises, der Eiskappe im Pleistozän; oft ist ihr flacher Gipfel von einem oder mehreren Ergüssen bedeckt, die von einem kleinen Schildvulkan stammen, der sich gebildet hatte, nachdem die Eisschicht durchbrochen war. Diese beiden Relieftypen, Rücken und Tafelberge, sind die unter dem Eis gebildeten Gegenstücke der Linear- bzw. der Schildvulkane.

• die jungen grauen Basalte

Die jungen grauen Basalte haben die gleichen petrographischen Merkmale wie die alten grauen Basalte; im gesamten Zentralgraben verteilt, haben sie sich in den Zwischeneiszeiten gebildet. Gute Beispiele für Schildvulkane sind die Vulkane Ok, Mosfellsheidi und Lyngdalsheidi.

b) Rezenter Vulkanismus (Farbbilder 18, 26, 32, S. 145, 150, 152)

Der Zentralgraben ist Sitz bedeutender vulkanischer Tätigkeit während der postglazialen Zeit. In 15 000 Jahren sind 340 km^3 Lava und 50 km^3 Asche aus diesem Komplex gefördert worden. In den Nacheiszeiten sind hier mehr als 200 Vulkane entstanden, davon waren 30 seit der Besiedlung des Landes vor 1100 Jahren tätig und annähernd 120 Ausbrüche wurden beschrieben. Von den jüngsten Ausbrüchen können wir die der Hekla in den Jahren 1947 und 1970, des Askja im Jahre 1961, von Surtsey, eines im Atlantik geborenen Vulkans, tätig von 1963 bis 1967, und vom Eldfell auf den Vestmänner Inseln im Jahre 1973 anführen. Diese postglaziale Tätigkeit ist auch auf den Halbinseln Reykjanes und Snaefellsnes verbreitet. Die gesamte Ausdehnung der postglazialen Lava beträgt fast 35 000 km^2. Es ist schwer, eine genaue Zahl der während dieser Zeit entstandenen Vulkane anzugeben, weil diese sich überlagern können und somit den Anschein eines einzigen Vulkans erwecken. Auf Island ereignet sich durchschnittlich alle fünf oder sechs Jahre ein Ausbruch. Ein

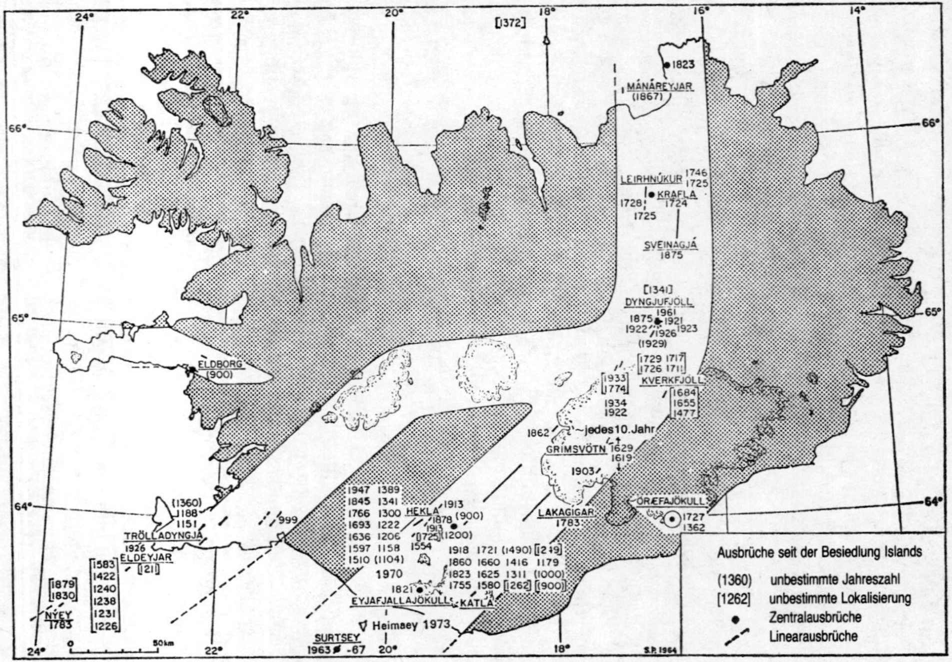

Abb. 5
Vulkano-tektonische Skizze von Island, mit den Vulkanausbrüchen seit der Besiedlung (nach *Thorarinsson, S.* [1967]: Surtsey, the New Island in the North Atlantic. – Reykjavik [Almenna])

Drittel der gesamten Lavaausbrüche der Erde seit dem Jahr 1500 n. Chr. hat sich in diesem Teil der Erde ergossen. Die meisten morphologischen Vulkantypen sind hier vertreten. Es gibt drei wichtige Kriterien für ihre Klassifizierung:

1) die Form der Lavadurchbrüche: linear oder kreisrund
2) die Art des geförderten Materials: Lava oder Asche
3) die Zahl der Ausbrüche aus demselben Schlot.

Sechs morphologische Hauptgruppen werden unterschieden:

- Zentralvulkane

Diese werden auf isländisch „eldborg" genannt, was soviel wie Lava- und Feuerburg bedeutet. Typische Beispiele dafür sind die Eldborgs von Myrar und Krísuvík. Mehrere sich überlagernde Ausbrüche dieser Art ergeben einen Schildvulkan oder „dyngja", wofür das beste Beispiel der Skjaldbreidur (1060 m) ist, mit einem Basisdurchmesser von 10 km, einer Hangneigung von durchschnittlich 7°–8° und einem steilen Gipfelkrater von 350 m Durchmesser. Zwei andere schöne Beispiele sind der Lyngdalsheidi bei Thingvellir und der Ketildyngjà bei Askja. Auf Island gibt es etwa zwanzig Schildvulkane, die meisten davon in der Odadahraunwüste. Wegen der Dünnflüssigkeit ihres Magmas sind hier die Lavaströme sehr lang. Der Laxa-Strom aus dem Ketildyngjà ist 82 km lang und bedeckt eine Fläche von 330 km^2. Es sind Fladenlaven des Pahoehoe-Typs, auf isländisch „helluhraun" genannt. Diese Art der Tätigkeit hat schon vor 3500 Jahren aufgehört. Ein anderer Vulkanbau, in Island allerdings kaum vertreten, ist der Stratovulkan, wie etwa der Öraefajökull (2118 m), zweithöchster Vulkan Europas, oder der Snaefellsjökull (1448 m), der Eyjafjallajökull (1666 m) und die Hekla (1491 m). Die drei erstgenannten sind mit Eis bedeckt, wie das Wort „jökull" – das heißt Gletscher – besagt.

Das Dyngjufjöll-Massiv, gekrönt von der Caldera von Askja, ist wahrscheinlich der Rest eines mächtigen Stratovulkans. Die Lavaausbrüche aus solch einem Vulkan sind vor allem chaotisch oder vom Aa-Lava-Typ, auf isländisch „apalhraun".

Ausschließlich explosive Vulkane sind auf Island selten; einige Beispiele sind der Hverfjall bei Myvatn, vor 2500 Jahren entstanden, der Lúdent, der Hrossaborg, der Kerid und der Ljótipollur.

Zu nennen sind auch noch die Maare, die recht häufig vorkommen. Der Graenavatn bei Krísuvík ist ein sehr schönes Beispiel.

Der ausgedehnte Calderaeinbruch von Askja ist ebenfalls unter die Zentralvulkane einzuordnen.

• Linearvulkane

Dies sind die charakteristischsten Vulkane Islands; die Art ihrer Tätigkeit ist effusiv, explosiv oder gemischt. Das hervorragendste Beispiel dieser Vulkanart ist ohne Zweifel der Threngslaborgir-Lúdentsborgir-Komplex östlich von Myvatn. Der Linearvulkan von Vatnaöldur südlich von Thorsvatn hat mehrere Lavaströme gefördert, darunter den großen Thjórsà von 150 km Länge, 800 km^2 Fläche und 15 km^3 Volumen; sein Alter wird auf etwas unter 6600 Jahre geschätzt. Es ist der größte Lavaausbruch auf der Erde in postglazialer Zeit.

Dennoch ist der Linearvulkan von Lakagigar am besten bekannt. Es handelt sich hierbei um eine 25 km lange Spalte, gekrönt von etwa 100 reihenförmig angeordneten Vulkanen, die 12,3 km^3 Lava gefördert haben; es ist der größte Ausbruch der Welt in historischer Zeit. Nennen wir noch die explosiven Linearausbrüche von Eldgjà, Valagjà und die beträchtlichen Spalten von Thingvellir; letztere entsprechen einem nicht an die Oberfläche gelangten Vulkanismus.

Diese Art der Vulkantätigkeit weist die gleiche Nordost-Südwest-Richtung auf, wie der mittelatlantische Rücken. Daraus kann man im allgemeinen schließen, daß eine Spalte nur einmal ausbricht, mit Ausnahme der Hekla; die Heklugjà-Spalte, die sie über 5 km Länge in Nordost-Südwest-Richtung durchquert, wirft Lava und Asche bei jeder Vulkaneruption aus.

• Staukuppen

Sie sind selten auf Island. Zwei Beispiele: die Rhyolith-Kuppen von Hlidarfjall westlich von Myvatn und von Baula im Nordurdalur. Es gab in der Nacheiszeit vor einigen hundert Jahren zwei rhyolitische Lavaströme; einer davon, Laugarhraun, befindet sich bei Landmannalaugar im Torfajökull-Massiv.

• Unter Gletschern liegende (subglaziale) Vulkane

Die größten isländischen Vulkane sind mit Eis bedeckt. Ihre Ausbrüche bringen große Massen Eis und Schnee zum Schmelzen und es entstehen große Schlammströme, die auf isländisch „jökullhlaup" genannt werden. Die Massen von strömendem Schlamm und Steinen können ungeheuer groß sein; sie fließen mit großer Geschwindigkeit die Hänge hinunter und reißen auf dem Weg alles mit. Man hat Abflußmengen von 100 000 m^3/s gemessen. Ein Jökullhlaup ist wesentlich gefährlicher als ein Lavastrom.

Es gibt drei Vulkane dieser Art auf Island:

• der größte von ihnen, der Grímsvötn, ist unter der mächtigen Eiskappe des Vatnajökull versteckt. Bei einem Ausbruch strömen die Schlammflüsse mit durchschnittlich 50 000 m^3/s in den Skeidararsandur. Zwischen dem 18. Jahrhundert und 1934 hat es alle neun bis zwölf Jahre einen Ausbruch gegeben. Seither kommen Schlammströme alle 4–6 Jahre vor, der letzte im Januar/Februar 1982. Am 28. Mai 1983 schmilzt ein Teil des Eises durch eine subglaziale Eruption. In der Caldera des Grímsvötn entsteht ein See mit 300 m Durchmesser. An dieser Stelle kommt es zu zahlreichen phreatischen Explosionen, bei denen zypressenförmige Wolken einige Dutzend Meter hoch geschleudert werden und eine Dampfwolke 7 km hoch steigt.

- der von einem Gletscher bedeckte Katla liegt im Myrdalsjökull. Er erwacht ungefähr zweimal pro Jahrhundert, man hat siebzehn Ausbrüche in den letzten 1100 Jahren gezählt. Die Schlammströme fließen in den Myrdalssandur – mehrere tausend m^3/s. Seine Jökullhlaups sind manchmal gigantisch, im Jahre 1918 wurde ein 400 m^3 großer Steinblock über 14 km mitgeschleppt; dieser letzte Schlammstrom hatte eine Abflußmenge vom Ausmaß des Amazonas.

- der Eyjafjallajökull ist der kleinste von ihnen, er liegt westlich des Katla und sein letzter Ausbruch war im Jahre 1821. Schließlich haben die meisten isländischen Vulkane wie die Hekla, der Oraefajökull und der Askja während ihrer Tätigkeit geringe Schlammströme erzeugt.

- Submarine (untermeerische) Vulkane

Es gibt nördlich und südlich von Island im Atlantischen Ozean unzählige submarine Vulkane. Leider ist es schwer, eine Aufstellung darüber zu geben, es sei denn, sie erreichen die Meeresoberfläche, wie z. B. der herrliche Vulkan Surtsey, am 24. November 1963, und seine „Satelliten" Syrtlingur und Jolnir. Solange Meerwasser in den Krater eindringt, bleibt die Tätigkeit ausschließlich explosiv, weil der Kontakt zwischen dem Meerwasser (4 °C) und der Lava (1000 °C) eine gewaltige Reaktion hervorruft, wodurch prächtige weiße Dampfwolken und schwarze Ascheausbrüche (Zypressoide) entstehen. Sobald der Krater sich über den Meeresspiegel erhoben hat, wird die Tätigkeit effusiv und ist gekennzeichnet durch glühende Lavaströme, die Pillow-Lava (Kissenlava) bilden und sich zu Palagoniten umsetzen, sobald sie das Meeresufer der neugebildeten Insel erreichen. Diese Art von Vulkanismus gleicht in vieler Hinsicht der Tätigkeit unter Gletschern. Surtsey war zuerst eine Spalteneruption, dann ein submariner Zentralvulkan, aus dem ein Tafelberg wurde. Als der Vulkan die Meeresoberfläche erreicht hatte, baute sich ein Schildvulkan auf.

- Pseudokrater

Dies sind eigenartige Vulkane mit Kratern ohne Schlot, die sich bei Explosionen gebildet haben, verursacht durch die Verdampfung eines Sees oder Sumpfes im Kontakt mit einem heißen Lavastrom. Es gibt unzählige Vulkane dieser Art mit Durchmessern von einem bis 400 m; die bekanntesten sind der Skutustadir auf dem Myvatn-See, der Aftaver, der Adaldalur und der Raudholar.

3) Die Tektonik

Island erfuhr in seiner Geschichte mehrere Phasen tektonischer Aktivität. Die wichtigste hatte den Einbruch der Plateaubasalte zur Folge, gefolgt von horizontalen Bewegungen, die zu Horst- und Grabenbildungen führten. Zahllose Spalten auf der Insel beweisen, daß die Tektonik immer noch lebendig ist. Der große Thingvellir-Graben ist von vielen klaffenden Rissen in nordost-südwestlicher Richtung durchfurcht, deren größter eine Breite und Tiefe von etwa 10 m und eine Länge von mehreren km aufweist. Das charakteristischste Beispiel dafür ist der Almannagjà (gjà bedeutet Riß auf isländisch). Noch im Jahre 1789 ist der Graben nach einem Erdbeben 67 cm eingestürzt. Alle Spalten, die manchmal Versetzungsbeträge bis zu 40 m aufweisen, sind das Ergebnis von Spannungen, erzeugt durch Injektionen von Magma-Gängen in der Tiefe. Die stufenförmige Anordnung der Brüche setzt eine Dehnung senkrecht zur Richtung der Spalten voraus. Die gesamte Thingvellir-Spalte setzt sich im Süden unterhalb des Thingvallavatn im Hengill-Gebiet fort. Dieser ausgedehnte Graben soll sich vor 9000 Jahren gebildet haben. Auch die Reykjanes Halbinsel weist eine sehr schöne tektonische Grabenstruktur auf.

Schließlich gibt es im Norden von Island mehrere sehr schmale Gräben, eine Art Linearcalderen. Die zahlreichen Linearvulkane Islands betonen noch die Bedeutung der isländischen Tektonik. All diese Strukturen, die Gänge in den Plateaubasalten mit inbegriffen, weisen eine vorherrschende Nordost-Südwest-Richtung auf, die parallel dem Mittelatlantischen Rücken verläuft.

Petrographie

Das hervorstechendste Merkmal der isländischen Petrographie ist das starke Überwiegen der basischen Gesteine; 90% der Lava sind Basalte, 4% Andesite und nur 6% saure Gesteine. Man findet drei Arten von Basalten:

- tholeitischer Basalt
- Olivinbasalt
- porphyrischer Basalt

Die sauren Gesteine sind hauptsächlich durch Rhyolithe vertreten. Im Osten Islands zeigt das Reydarfjördur-Massiv folgende petrographische Zusammensetzung: 48% tholeiitischer Basalt, 23% Olivinbasalt, 12% porphyrischer Basalt, 3% Andesit, 8% saure Lava, 6% Pyroklastika.

Neuere Untersuchungen haben mittlerweile die Bedeutung der sauren Gesteine hervorgehoben. So hat Island in den letzten 1100 Jahren mehr als 40 km^3 Lava und Asche produziert, davon sind 25% saure und intermediäre Gesteine, also 10 km^3. Die tertiären Plateaubasalte enthalten Ignimbritdecken, wie zum Beispiel die 25 km lange und 10 km breite Fläche zwischen dem Reydarfjördur und dem Berufjördur. Im Jung-Pleistozän förderte der Tindfjallajökull eine Ignimbritdecke von 2 bis 3 km^3; es gibt auch einige in der Husafell-Gegend.

Seit der Entdeckung des Krablit vor hundert Jahren, einem sauren Gestein des Krafla-Vulkans, glauben viele Geologen, daß sich unter den Plateaubasalten eine saure Kruste befindet und sie stellen sich eine Aufschmelzung oder eine Assimilation dieses Substrates vor, um die Entstehung der isländischen Rhyolithe zu erklären. Im Jahre 1964 hat man Granitkerne in den ausgeschleuderten Bomben von Surtsey gefunden. Diese Kerne beweisen, daß die Lava beim Aufstieg durch die Schichten der Meereskruste Granitfragmente mit sich gerissen hat. Die Existenz einer sauren Kruste erscheint außergewöhnlich, da nach Meinung der Geologen der atlantische Meeresboden nur aus einer basischen Kruste besteht.

Manchmal sind die Risse im Gestein und die Vakuolen mit Quarz, Jaspis, Chalcedon, Calcit und Zeolithen gefüllt. Die Helgustadir-Mine im Reydarfjördur ist berühmt. Vor einigen Jahren noch hat man dort den Islandspat gefördert. Die Zeolith-Geoden von Teigarhorn im Berufjördur sind wunderschön. Man findet Kristalle von Stilbit, Skolezit, Heulandit usw.

Es gibt zahlreiche sedimentäre Einschaltungen, die im allgemeinen eine Mächtigkeit von einigen Metern haben; es kommen häufig Pflanzen- und Molluskenfossilien vor; erinnern wir uns aber, daß diese nur 0,1% der isländischen Gesteine bilden. Das Vorkommen von Tjörnes im Norden ist das wichtigste, weil die Sedimente eine Mächtigkeit von mehreren hundert Metern erreichen; sie stammen aus dem Pliozän und unteren Pleistozän; weitere Beispiele sind Bakkabrunir im Norden Islands, Svinafell im Südosten, Ellidavogur und Fossvogur bei Reykjavik sowie Bulandshöfdi und Brimlàrhöfdi im Norden der Snaefellsnes Halbinsel. Die vorhandenen marinen

Abfolgen beweisen, daß es bedeutende isostatische Bewegungen gab, die 100 m Höhe erreicht haben.

Durch die Tephrochronologie sind wir zu einem besseren Verständnis der isländischen Petrographie gelangt. Diese ziemlich neue Wissenschaft studiert die Ascheschichten, die sich um die Vulkane abgelagert haben. Es werden hunderte von Profilen aufgenommen, um die Mächtigkeit, Korngröße und Stratigraphie der alten Ascheablagerungen zu bestimmen. Die Vulkanasche ist grobkörnig und dickbankig in Vulkannähe und die Ascheschichten werden feiner und dünnbankiger, je weiter man sich vom Vulkan entfernt.

So konnte man Karten gleicher Ascheverteilung auch im Falle sehr vieler und sogar sehr alter Eruptionen anfertigen. Man nennt sie Isopachen-Karten für Aschen. Die vorherrschende Richtung des Windes, der die Asche während einer Eruption wegträgt, zeigt sich deutlich auf der Isopachen-Karte. Oft haben die Ascheschichten an der Basis eine weiße, rhyolithische Bimssteinschicht, die die Initialphase des Ausbruchs darstellt, gefolgt von einer Masse dunkler Basaltasche. Es gab auf Island ungefähr tausend Ascheeruptionen seit der letzten Eiszeit. Die rhyolithischen Bimssteine bilden nur 1% dieser Pyroklastikaschichten, aber 20% der gesamten geförderten Menge. Anhand der Tephrochronologie konnte man eine Stratigraphie der Ablagerungen begründen, die von großer Wichtigkeit für die Chronologie und die Datierung des Wiedererwachens der Vulkane ist. Der Stratovulkan Hekla allein hat an die zwanzig rhyolithische Bimssteindecken gefördert, die genau analysiert wurden. So wurden bei diesem Vulkan fünf Tätigkeitszyklen in den letzten 9000 Jahren festgestellt. Jeder Zyklus hat mit einer Initialphase begonnen, mit dem Erguß einer großen rhyolithischen Bimssteindecke; so unterscheidet Professor THORARINSSON die Decken H_1 (Ausbruch im Jahre 1104 n. Chr.), H_2 (vor etwa 1500 bis 2000 Jahren), H_3 (vor 2800 Jahren), H_4 (vor 4000 Jahren) und H_5 (vor 6000 Jahren). H_1 ist im Grunde der erste historisch bekannte Ausbruch, das heißt, seit der Mensch im 9. Jahrhundert nach Island kam. Über H_2 ist wenig bekannt, H_3 und H_4 sind die ausgedehntesten Decken von Island mit einer Gesamtfläche von 200 000 km^2 und H_5 hat nur eine geringe Ausdehnung. Die fünfzehn geschichtlich bekannten Ausbrüche der Hekla, mit Ausnahme vielleicht des letzten aus dem Jahre 1970, haben Bimssteindecken während der Initialphase gefördert; das sind natürlich exzellente Anhaltspunkte.

Der Öraefajökull und der Dyngjufjöll weisen die gleiche Art von Zyklen auf. Die größte rhyolithische Bimssteindecke, die je von einem isländischen Vulkan ausgeworfen wurde, stammt von der

Initialphase des Öraefajökull-Ausbruches im Jahre 1362 mit einem Gesamtvolumen von 2 km^3.

Man weiß wenig über die isländische Magmatologie, aber man schätzt, daß es zwei Arten von Magmaherden gibt; die tiefen basaltischen Herde aus dem oberen Mantel, die die Ursache der großen Lavaströme aus den Spaltenausbrüchen sind und Schildvulkane bilden, und die oberflächennahen Magmaherde der ozeanischen Kruste, die die Stratovulkane und Staukuppen erzeugt haben. So fördert die Hekla nicht nur Olivinbasalte, sondern auch Andesite, Dacite und Rhyolithe. Die vorhandenen sauren Gesteine kann man durch Differenzierungen erklären oder durch Assimilation von Granit, Ignimbrit oder Rhyolith. Letztere Hypothese erscheint am wahrscheinlichsten. Zum Beispiel hat man während der fünfzehn Ausbrüche der Hekla festgestellt, daß der Prozentsatz von Silikat jeder Initialphase proportional der Zeitspanne seit dem letzten Ausbruch ist. Je länger die Ruhepause ist, desto saurer sind die Rhyolithbimssteine zu Anfang der Eruption. Der Prozentsatz von Silikat erhöht sich mit der Zeit durch steigende Assimilation von sauren Gesteinen; andererseits hat man festgestellt, daß die Ausbrüche um so heftiger sind, je länger die Ruhepause zwischen zwei Eruptionen ist. Dies erklärt sich durch eine wachsende Anreicherung des Magmas mit Silikat und die langsame Abkühlung der Schmelze im Herd, wodurch eine größere Zähflüssigkeit erreicht wird, die wiederum eine Dampfdrucksteigerung der Gase mit sich bringt. Die Ignimbritdecken dürften ausschließlich die Folge der Ausschmelzung saurer Gesteine in geringer Tiefe sein.

Der tiefe Untergrund

Der Aufbau des tiefen Untergrunds Islands ist noch kaum bekannt, aber durch Gravimetrie, Seismik und Refraktions-Seismik wurden vier übereinandergelagerte Schichten nachgewiesen. Die erste, oberste Schicht entspricht dem postglazialen Palagonitvulkanismus; sie befindet sich im Zentralgraben und ihre Mächtigkeit beträgt 0,5 km. Darunter liegen zwei Schichten von insgesamt 3 km Mächtigkeit, die aus tertiärem Basalt bestehen. Die letzte und tiefste Schicht hat eine maximale Mächtigkeit von 16 km. Ihre Zusammensetzung ist unbekannt, aber man nimmt heute an, daß es sich um eine saure ozeanische Kruste handelt. Diese vier Abfolgen ruhen auf dem oberen Mantel.

Die Geophysiker haben den Wärmefluß Islands errechnet; mit 16,8 $\mu J/(cm^2/s)$ entspricht er dem vierfachen Durchschnittswert der Erde.

Die Anomalie des Wärmeflusses wird wahrscheinlich durch Magmaintrusionen in die tiefe Kruste verursacht.

Mittelatlantischer Rücken

Wegener's Hypothese der Kontinentalverschiebung, die lange von den meisten Geologen und Geophysikern für utopisch gehalten wurde, wird seit 1960 allgemein anerkannt. Es haben sich unwiderlegbare Beweise für diese Hypothese angesammelt. Island und der Mittelatlantische Rücken standen am Anfang der Forschungen, die eingeleitet wurden, um Wegener's Theorie zu beweisen. Vom geologischen Standpunkt betrachtet, ist dieses Land in lange symmetrische Streifen beiderseits des Zentralgrabens geteilt, diese Streifen werden umso älter, je weiter man sich vom Graben nach Osten oder Westen entfernt. Unzählige Nordost-Südwest-Spalten werden von einem Spaltenvulkanismus gleicher Richtung noch unterstrichen. Diese Anordnung längs einer Symmetrieachse fand ihre Erklärung in der Theorie der Plattentektonik.

Um 1960 haben amerikanische Meeresforscher mit großer Genauigkeit die Morphologie des Atlantik-Meeresgrundes studiert. Sie haben bewiesen, daß sich eine riesige submarine Bergkette mitten im Atlantik von Norden nach Süden erstreckt: der mittelatlantische Rücken. Island ist nur ein herausragender Teil dieses Rückens. Am Gipfel dieser Kette befindet sich ein ausgedehnter Graben, in dem die vulkanische Tätigkeit stattfindet.

Die wichtigen Beben des Atlantiks kommen in diesem Gipfelgraben vor, einer Senke, die den ganzen Rücken krönt. Klare Beweise für die Kontinentalverschiebung wurden erst im Jahre 1965 erbracht. Es wurden Studien über den Paläomagnetismus der Plateaubasalte durchgeführt, die bewiesen haben, daß das Magnetfeld der Gesteine öfters seine Richtung ändert. Während des Tertiärs hat sich die magnetische Polarisierung der Erde mehrmals geändert, plötzlich befand sich der magnetische Südpol im Süden und umgekehrt. Bislang hat man keine Erklärung dafür gefunden. Dennoch hat es die „Fossilisation“ der ehemaligen Richtung des Magmatismus in den Basalten erlaubt, eine Chronologie der Inversionen in den Lavaschichten aufzustellen. Als das Phänomen einmal auf Island gut studiert war, fuhren die ozeanographischen Schiffe mit Magnetometern an Bord im Süden der isländischen Küste den mittelatlantischen Rücken auf und ab, um den Magnetismus des Meeresbodens zu registrieren. Symmetrisch auf beiden Seiten des Mittelgrabens wechseln sich oft lange Bänder von normalem Magnetismus mit Bändern von inversem Magnetismus ab. Die parallelen Bänder am Gipfelrift haben eine Nordost-Südwest- und Nord-Süd-Richtung. Für diese Ergebnisse sahen die Geophysiker nur eine Erklärung: die Kontinentaldrift. Es entsteht ständig neuer Meeresboden im Mittelgraben des Rückens, andauernd wird neues Magma injiziert, und so kommt es manchmal zur Bildung eines neuen Vulkans. Bei der Erstarrung werden die Laven entsprechend der jeweils herrschenden Polung des Erdmagnetfeldes magnetisiert, normal oder invers, und diese Magnetisierung bleibt erhalten. Dann erfolgt eine neue Injektion inmitten der vorhergegangenen; sie schiebt die abgekühlten Gesteine des vorigen Ausbruches auseinander und spiegelt ebenfalls den Erdmagnetismus bei der Erstarrung wider. Wenn eine gewisse Zeitspanne zwischen beiden Ausbrüchen verstrichen ist, kann es sein, daß der Magnetismus seine Richtung (normal oder invers) geändert hat. Dieses Phänomen der Magma-Injektion und des Beiseiteschiebens der älteren Abfolge wiederholte sich hunderte Male auf beiden Seiten der Symmetrieachse des Rückens und erklärt somit die Anordnung normaler und inverser Bänder im Magnetismus des Meeresbodens. Datierungen von Atlantik-Bodenproben haben es sogar erlaubt, die Geschwindigkeit des Auseinanderdriftens des Meeresbodens zu bestimmen, die 2 bis 3 cm pro Jahr beträgt. Der Rücken spielt die Rolle eines unerschöpflichen Lavaspenders, der die erstarrten Blöcke auseinanderschiebt, die die Spalte umgeben. Die Geophysiker haben außerdem bewiesen, daß der Wärmefluß des mittelatlantischen Rückens auf dem Kamm um vieles stärker ist als auf den Flanken.

Dadurch läßt sich die Geologie Islands, einziger großer Aufschluß dieses Rückens über dem Meeresspiegel, leicht erklären. Der isländische Zentralgraben ist die Verlängerung des Unterwassergrabens des Rückens. Er weist die gleichen Züge auf: bedeutender Vulkanismus und zahllose Spalten mit nordost-südwestlicher Richtung, die sich jedes Jahr um einige Millimeter dehnen. Ein aeromagnetischer Flug über die Insel hat es sogar ermöglicht, die gleichen Bänder mit normalem und inversem Magnetismus zu finden, die symmetrisch zur Grabenachse verlaufen. Die Geologen schätzen, daß Island sich seit Beginn des mittleren Tertiärs ungefähr 400 km in Ost-West-Richtung ausgedehnt hat. Studien über die Verteilung der Gänge, die die Plateaubasaltströme versorgt haben, stimmen überein mit der Geschwindigkeit der Verschiebung; ein geologischer Schnitt von 37 km in Ost-West-Richtung, im Osten Islands, zeigt etwa 450 Gänge von einer Gesamtbreite von 2,3 km. Wenn man dieses Beispiel für das ganze Land anwendet, stellt sich heraus, daß eine Gesamtbreite der Gänge von 400 km nötig war, um die enorme Menge der Tertiärbasalte von 10 km Mächtigkeit zu erzeugen. Diese Zahlen

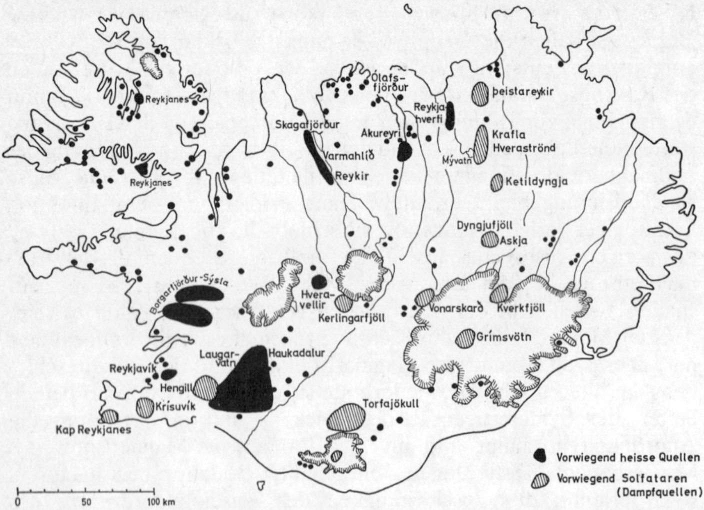

Abb. 6 Heiße Quellen und Solfataren auf Island (nach *Schutzbach, W.* [1967]: Island, Feuerinsel am Polarkreis. – Bonn [Dümmler])

entsprechen genau den genannten Zahlen betreffs des Auseinanderdriftens Islands in Ost-West-Richtung. Die Injektionsrate der Gänge, Ursache der Verschiebung, wäre 0,1 km^3 pro Jahr; dadurch ergibt sich eine jährliche Ausdehnung von 1 bis 2 cm in Ost-West-Richtung, die gleich den von den Geophysikern vorgeschlagenen Zahlen für den Mittelatlantischen Rücken ist. Demnach erklärt sich die gesamte isländische Vulkanologie durch die Plattentektonik.

Thermale Zonen (Farbbild 19, S. 146)

Eine der wichtigsten Folgen des rezenten Vulkanismus ist die intensive, thermale Tätigkeit der Insel. Die Solfatarenfelder, die heißen Quellen, die Fumarolen und die Geysire sind Teile der isländischen Landschaft. Man unterscheidet zwei Arten von Thermaltätigkeit: die bei geringer Temperatur (Wasser- und Gastemperatur unter 150 °C in der Tiefe) und die bei hoher Temperatur (über 150 °C).

Am zahlreichsten sind die Zonen niedriger Temperatur. Man hat etwa 250 davon gezählt, zusammengesetzt aus über 700 Thermalquellen, auf isländisch „laug“ oder „hver“ genannt. Ihre Durchschnittstemperatur beträgt 75 °C. Sie befinden sich hauptsächlich in den Tertiärbasalten. Ihre typischsten Austrittserscheinungen sind die alkalischen heißen Quellen, Fumarolen sind selten. Laugarvatn und

Reykir, 20 km südlich von Reykjavik, gehören zu diesen Zonen niedriger Temperatur.

Es gibt sechzehn hochtemperierte Zonen, die sich im Zentralgraben mit rezentem Vulkanismus befinden. Sie sind durch eine intensive Fumarolen- und Solfatarentätigkeit charakterisiert. In der Reihenfolge ihrer Häufigkeit scheiden sie aus: Wasserdampf, Kohlendioxid, Schwefelwasserstoff, Sauerstoff, Stickstoff, Kohlenwasserstoffe, Wasserstoff, Edelgase und Säuren der Halogene. Im Gegensatz zu den niedrigtemperierten Zonen sind die Quellen hier sauer und an einen sauren Vulkanismus gebunden. Die Gewässer sind oft reich an Kieselsäure und bilden beträchtliche Ablagerungen von Geyserit (Sinterterrassen) wie in Hveravellir und in Geysir, wo Geysire vorkommen (isländisches Wort für hervorsprudeln).

Wir können noch die bekanntesten unter den hochtemperierten Zonen nennen: Namafjall, Kerlingarfjöll, Hverkfjöll, Torfajökull, Hengill, Krísuvík und Reykjanes.

In die Kategorie der heißen Quellen gehören auch die untätigen Vulkane wie Hekla, Askja, Surtsey, Krafla und viele andere, die eine Fumarolentätigkeit zeigen, welche von vergangener Aktivität zeugt oder einen kommenden Ausbruch ankündigt.

Nur ein erhöhter geothermischer Gradient von 2°C pro 33 m erklärt die große Bedeutung der thermalen Zonen auf Island.

Die Frage der Herkunft des Wassers der heißen Quellen ist schwer zu beantworten; es gibt viele Studien über dieses Thema. Einigen zufolge ist das Wasser tiefen Ursprungs (= juveniles Wasser), andere glauben, daß es sich um oberflächennahes oder vadoses Wasser handelt. Wasserstoffisotope wie Deuterium und Tritium haben neue Untersuchungen ermöglicht, die die Geochemiker dazu veranlassen, die zweite Hypothese anzunehmen. Das Wasser der thermalen Quellen ist in den Boden eingesickertes Regenwasser, welches durch Spalten bis in die Tiefe filtriert wurde, wo es vor dem Aufstieg zur Oberfläche erhitzt wurde. Seit der ersten Wasserstoffbombe im Jahre 1954 ist der Prozentsatz an Tritium im Regenwasser gewaltig gestiegen; diese Erhöhung zeigt sich in den Oberflächengewässern, aber noch nicht im Thermalwasser. Das läßt auf einen wichtigen Punkt schließen: das Wasser, das im Jahre 1954 in den Boden eingesickert ist, war im Jahre 1971 noch nicht durch die Thermalquellen wieder herausgekommen. Folglich ist es, unter Vorbehalt, älter als siebzehn Jahre. Der Mechanismus der Geysire ist genauso problematisch wie die Herkunft ihres Wassers. Auf Island ist dieses eindrucksvolle Phänomen heute selten. Nur etwa zehn Geysire sind noch tätig und werfen ab und zu ihr kochendes Gemisch von Wasser und Dampf in eine Höhe, die von ein paar Zentimetern bis zu einigen Zehnern von Metern reicht. Der berühmteste von ihnen, der große Geysir, ist älter als 8000 Jahre. Im Jahre 1772 hatte er jede halbe Stunde einen Ausbruch; im Jahre 1883 war er nur alle zwanzig Tage tätig; seit den letzten zwanzig Jahren bricht er nur noch selten aus. Dies beweist, daß die regelmäßige Wiederkehr dieser Phänomene sehr unterschiedlich ist und daß kein Gesetz die Ausbrüche zu regeln scheint. Die Lebensdauer eines Geysirs reicht von einem Tag bis zu mehreren hundert Jahren. Man hat manchmal festgestellt, daß Erdbeben, die durch vulkanische Tätigkeit ausgelöst werden, wie das der Hekla im Jahre 1896, die Tätigkeit der Geysire steigern.

Es gibt viele Theorien über den Mechanismus der Geysire. Die Hypothese des explosionsartigen Siedens scheint die am besten begründete zu sein. Unten im Quellrohr wird das Wasser überhitzt, das heißt es erreicht 103–104 °C, ohne zu kochen, weil durch das Gewicht der Wassersäule der Druck im Förderkanal höher als an der Oberfläche ist. Es kommt zu einer Verschiebung des Siedepunktes. Zur gleichen Zeit steigt das überhitzte, leichter gewordene Wasser im Quellrohr nach oben (Konvektionsstrom) und erreicht Bereiche der Wassersäule, wo der Druck geringer ist; dadurch wird die auf 103–104 °C erwärmte Flüssigkeit instabil, verdampft augenblicklich (kochende Explosion) und somit wird die darüberstehende Wassersäule aus dem Quellrohr emporgeschleudert; ein großer Teil des Wassers fällt zurück in das Becken, wird im Quellrohr erneut bis zum Siedepunkt erhitzt, und das gleiche Phänomen wiederholt sich.

Genauso eindrucksvoll wie die Geysirtätigkeit ist die Farbverschiedenheit der Ablagerungen in den Thermalzonen. Schwefel, Gips, Ammoniumchlorid, Sulfide, Sulfate, Alkali- und Erdalkali-Chloride zieren den Umkreis der Fumarolen. Pyrit, Goethit und Limonit bilden sich in zu ihrer Ablagerung geeigneten Milieus. Kieselsäure, in den meisten heißen Gewässern kolloidal gelöst, wird abgesetzt und bleibt als eine Art weißer Opal, auch Geyserit oder Sinterkruste genannt, zurück. Durch Brechung der Lichtstrahlen in kleinen Kieselsäureteilchen entsteht die blaue Farbe des Wassers der Geysire. Es können sich andere Minerale ganz verschiedener Herkunft durch Veränderung der Gesteine, durch die die überhitzten Fumarolen dringen, bilden; es entsteht dadurch eine ganze Reihe von Tonmineralen, wie Kaolinit, Montmorillonit und Chlorit.

Erdwärme (geothermische Energie) (Farbbild 21, S. 147)

Seit 1925 sind sich die Isländer der Bedeutung ihrer heißen Quellen und der möglichen Nutzung dieser geothermischen Energie bewußt.

Es wurden in verschiedenen Gebieten zahlreiche Bohrungen in 500, 1000 und 2000 m Tiefe vorgenommen, um den Dampf und das heiße Wasser zu erschließen. Die Temperaturen am Bohrlochgrund sind oft sehr hoch; in Hengill erreichen sie 232 °C.

Das heiße Wasser findet seine Hauptverwertung in der Heizung der Wohn- und Gewächshäuser. Die Anlagen für eine geothermische Nutzung wurden sehr rasch installiert, und hunderttausend Isländer heizen heute ihr Haus mit natürlichem Heißwasser. Die größte Anlage dieser Art steht in Reykjavik: es handelt sich um den Städtischen Heizungsdienst, der 75 000 Einwohner der Hauptstadt beliefert. Das Heißwasser kommt aus den Bohrungen von Reykir, etwa 20 km von der Stadt entfernt; die Wassertemperatur beträgt 86 °C und die Fördermenge liegt bei 280 l/s. Vor kurzem hat man heiße Quellen direkt unter Reykjavik entdeckt, die jetzt genutzt werden. Die Zentralheizung mit natürlichem Heißwasser hat viele Vorteile für die Isländer; der Selbstkostenpreis liegt bei der Hälfte des Ölpreises, und die Gefahr der Luftverschmutzung durch Rauch oder Großfeuer ist gleich null. Neben Reykjavik gibt es noch vier andere Orte, die die geothermische Energie zur Heizung benützen, sogar einige alleinstehende Bauernhöfe haben ihren Vorteil davon.

Da das isländische Klima sehr rauh ist, hat man Gewächshäuser gebaut, die mit natürlichem Heißwasser gewärmt werden. Sie bedekken heute eine Fläche von 10 Hektar, und es werden dort Gemüse und Blumen angebaut. In kleinen Mengen gedeihen hier selbst noch Trauben und Bananen. Die größte Gewächshäuseranlage liegt in der Stadt Hveragerdi, deren Name „warme Gärten“ bedeutet. Der Standort der Wohnsiedlungen hängt oft von dem der heißen Quellen ab, so haben sich mehrere Dörfer um die Dampffelder und die natürlichen Heißwasserbecken entwickelt. Es gibt achtzig Schwimmbäder, die mit geothermischem Wasser geheizt werden. Durch die Nutzung der eigenen Erdwärme spart Island jährlich 100 000 Tonnen Erdöl. Die Gesamtreserven der vier größten Thermalzonen entsprechen 200 Millionen Tonnen Erdöl. Im Norden Islands, auf dem Myvatnseeboden, hat sich im Laufe der Zeit eine riesige Diatomitlagerstätte abgesetzt. Der Diatomeenschlamm wird hochgepumpt, getrocknet und durch natürliche Dampfenergie vom nahen Namaskardgebiet gereinigt.

Island erscheint als Pionier in der Verwertung des natürlichen Dampfes für Wohnungsheizung. Es sind ständig Projekte in Planung, weil die gesamte isländische Bevölkerung diese billige Heizungsmöglichkeit ausnützen könnte. Eine geothermische Zentrale für Stromproduktion ist gegenwärtig am Fuße des Kraflavulkans, nördlich vom

Myvatnsee, im Bau. Die Isländer beabsichtigen, die geothermische Energie ihres Landes in den kommenden Jahren für das Trocknen und Gefrieren des Fisches, die Verarbeitung importierter Mineralien, die Gewinnung mineralischer Substanzen aus dem Meerwasser und für die Herstellung schweren Wassers für Atomkraftwerke zu benützen. Die natürliche Hitze dieses vulkanischen Landes, in dem Industrien noch fehlen, ist ohne Zweifel seine beste Zukunftschance.

Erosion

Obwohl die physikalisch-chemische Verwitterung auf Island sehr gering ist, weil das kalte Klima keine bedeutende Hydrolyse erlaubt, ist die Abtragung doch intensiv und zeigt sich in ihren verschiedensten Formen: glazial, äolisch, fluviatil und marin.

Die Gletscher bilden große Moränen, die bei ihrer Ankunft am Meer Tillite bilden. Die Fjorde verdanken ihre Existenz nur der glazialen Abtragung. Es gibt zahlreiche Gletscherschrammen, Gletscherschliffe und Warven. Der Frost, Hauptfaktor des isländischen Winters, spaltet die Gesteine und bringt sie zum Zerspringen. Man findet häufig Böden mit polygonalem Gefüge und Grashügel.

Der Wind, der eine Stärke von 200 km/h erreichen kann, ist eine der wichtigsten atmosphärischen Verwitterungskräfte; er verursacht unter anderem viele Zeugenberge, durchlöcherte Felsen und Dünen aus vulkanischer Asche. Vegetation kann sich unter diesen Umständen nicht ansiedeln.

Zahlreiche Flüsse schneiden weite Schluchten in die erstarrten Laven, wie der Jökulsá bei Fjöllum im Norden des Landes, wo sich der herrliche Wasserfall von Dettifoss befindet. Die Flüsse sind auch die Ursache ausgedehnter Aschefelder – „sandar" genannt (Einzahl: sandur) – im Süden des Landes. Zuletzt formt auch das Meer die isländischen Küsten: es bildet Strände von schwarzer Asche in den Fjorden und an der Südküste und schneidet hohe Felsklippen aus den überlagerten Basaltschichten.

Wenn sich auch die Vulkanbauten rasch aufbauen, so werden sie doch durch die Erosion fast ebenso schnell wieder zerstört; dennoch wird Island, hauptsächlich wegen der Kontinentalverschiebung, immer größer.

Exkursionen

Praktische Hinweise

Die Erkundung isländischer Vulkane kann nur in den Monaten Juni bis August durchgeführt werden, die die meisten schönen Tage versprechen. Das Klima ist dann mild und die Tage sind lang. Manchmal wird es in den Wüsten und den Fjorden im Osten und Nordosten des Landes recht kühl. Regenfälle sind nur von kurzer Dauer und der Wind kann manchmal heftig sein.

Um nach Island zu kommen, kann man fliegen (Loftleidir, Icelandair), oder mit dem Schiff fahren. Es ist leicht, an Ort und Stelle einen Geländewagen zu mieten, allerdings wird dies ziemlich kostspielig. Vorsicht bei schnellsteigendem Hochwasser, Versandungen, scharfrandigen Laven und steilen Hängen. Tankstellen sind im ganzen Land verteilt, außer in den Zentralwüsten. Wenn man vor hat, in schwer erreichbare Gebiete zu fahren, ist es ratsam, die Bauern aus den umliegenden Bauernhöfen zu benachrichtigen und sie über die geplanten Routen zu informieren. Sie sprechen oft Englisch oder Deutsch. Es ist leicht, sich bei schönem Wetter zu orientieren, weil die waldlose Landschaft einen weiten Ausblick erlaubt. Oft weicht der Kompaß ab, weil die Vulkangesteine reich an Magnetit sind. Man darf nicht mit guten Marschgeschwindigkeiten rechnen, weil die Pisten öfters in schlechtem Zustand sind; es gibt nur ungefähr 200 km geteerte Straßen. Es gibt auch Geländebusse, die täglich zu allen wichtigen Orten fahren. Das Flugzeug ist ein weitverbreitetes Verkehrsmittel. Ein Flug über Island vom Reykjaviker Flughafen beim Hotel Loftleidir aus, ist eine sehr gute Lektion über Vulkanologie. Wenn man viel Zeit hat, empfiehlt es sich, Ausflüge zu Fuß oder mit dem Pony zu unternehmen.

Neben den normalen Hotels gibt es, allerdings nur in den Städten, auch die „Eddas“ – Pensionen für Touristen. Im Landesinnern gibt es einige schön gelegene Hütten. Zelten kann man überall, aber man muß unbedingt genug Proviant mitnehmen; an Trinkwasser fehlt es nie, es gibt genug Flüsse!

Man braucht warme, wasserundurchlässige Kleidung sowie Gummistiefel für die Furten. Wenn man das Glück hat, einen Ausbruch zu erleben, braucht man zumindest einen Helm, eine Gasmaske mit Einsatz und Kleider, die Säuregase vertragen. Verbände gegen Verbrennungen sind eine notwendige Vorsichtsmaßnahme, wenn man sich an heiße Stellen, wie etwa aktive Vulkane oder Thermalzonen, begibt. Achtung: Asche und aggressive Gase dringen in Photoapparate ein. Man sollte Plastikbeutel mitnehmen. Karten im Maßstab von 1 : 250 000 in neun Blättern reichen vollkommen aus. Mehrere geologische Karten gleichen Maßstabs werden vom Museum of Natural History, Reykjavik, herausgegeben. Es gibt zahlreiche Bücher über isländische Vulkane. Bücher und Karten sind in den Buchhandlungen in Reykjavik leicht zu finden, zum Beispiel in der von Sigfusar Eymundssonar, Austurstraeti 18, Reykjavik. Die Isländer sind große Naturfreunde und kennen ihre Vulkane gut; genauere Auskunft kann man im Museum of Natural History oder im Nordic Volcanological Institute in Reykjavik erfragen.

Reykjavik**

Umgebung von Reykjavik
Leicht erreichbar
Geologisch interessant: heißes Wasser, junge graue Basalte, Aussicht, Meeresspiegel, Fossil-Fundstelle, Museum.
Mindestdauer: drei Stunden

Südlich von Reykjavik, der „kaminlosen Hauptstadt", auf dem Gipfel des Öskjuhlid-Hügels östlich des Flughafens, liegen Heißwasserbecken, die die meisten Einwohner der Stadt mit Wärme versorgen. Der Hügel besteht aus jungen grauen Basalten, örtlich auch Dolerit genannt, die in das Mindel-Riss Interglazial datiert werden. Gletscherschrammen sieht man gut auf der Nordwest-Flanke. Ein großer Teil des auf dem Öskjuhlid gespeicherten Heißwassers kommt von Reykir, 15 km weiter nordöstlich; die Fördermenge beträgt dort 300 l/s, das heiße Wasser sprudelt aus Bohrungen von 300 bis 600 m Tiefe, die Temperatur beträgt 86°C und der Wärmeverlust bis nach Reykjavik beträgt nur 4°C. Seit 1958 zeigen Bohrungen in Reykjavik selbst gute Ergebnisse; sechzehn Brunnen von 650 bis 2200 m Tiefe erbringen 500 l/s; allein die Bohrungsfelder von Laugarnes im Nordosten und von Ellidaà im Osten haben Fördermengen von 320 l/s bei 130°C bzw. 170 l/s bei 100°C.

Auf dem Gipfel hat man eine gute Aussicht auf das Esja-Massiv im Norden, das aus überlagerten Schichten von jungen grauen Basalten und Tilliten besteht; weiter im Nordosten kann man den schneebedeckten Vulkan Snaefellsjökull sehen, der noch als potentiell aktiv gilt.

Genauere Analysen der Torfe und der fossilen marinen Mollusken haben gezeigt, daß sich der Meeresspiegel bei Reykjavik sehr verändert hat; so lag der Meeresspiegel vor 11 000 bis 12 000 Jahren 43 m über dem heutigen Niveau, vor 10 000 bis 10 500 Jahren war er noch 13 m darüber, aber vor 9000 Jahren war er 5 m darunter. Von Öskjuhlid geht man in Richtung Süden, zum kleinen Fjord von Fossvogur. Dort kann man bei Ebbe an der aus einer mächtigen Basaltschicht bestehenden Küste Tonschichten mit marinen Weichtierfossilien sehen; es handelt sich um die gleiche Fauna, die heute an den isländischen Küsten vorkommt, aber diese Fossilien stammen wahrscheinlich aus der letzten Zwischeneiszeit.

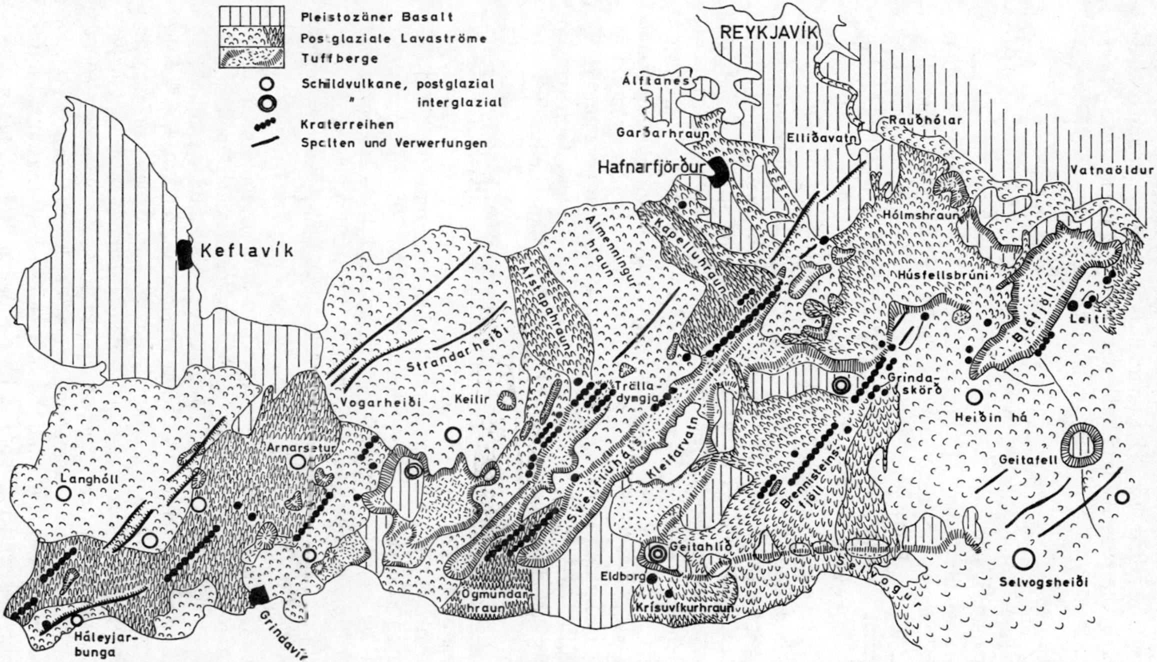

Abb. 7 Vulkanologische Skizze der Reykjanes-Halbinsel (aus *Schutzbach, W.* [1967]: Island, Feuerinsel am Polarkreis. – Bonn [Dümmler])

Das kleine naturhistorische Museum der Hauptstadt, mit seiner Stein-, Mineralien- und Tiersammlung, gibt uns einen guten Überblick über das, was in der isländischen Natur zu finden ist.

Reykjanes***

80 km lange Route südwestlich von Reykjavik
Leicht erreichbar
Geologisch interessant: Lavaströme, Eruptionsspalten, Palagonitrücken, thermale Zonen, Maare, Zentralvulkan, Schildvulkane.
Mindestdauer: Ein Tag
Hinweise: Vorsicht an den brüchigen Rändern der heißen Schlammbecken

Die Halbinsel Reykjanes gehört zum südwestlichen Arm des Zentralgrabens und ist die eigentliche Fortsetzung des mittelatlantischen Rückens auf dem Festland. Der Rift von Reykjanes ist 30 km breit und ist relativ zu seiner Umgebung 10–70 m abgesenkt. Zwei Arten von postglazialen Vulkanbauten sind hier vorhanden: Schildvulkane wie Sandfellshaed und Langholl und Linearvulkane wie Eldvörp, Stampar, Trölladyngjá, Undirhlidar und Leitin. Die Schildvulkane haben sich vor den anderen gebildet. Hinzu kommen noch einige Maare und untermeerische Ausbrüche. Die jüngste Vulkantätigkeit der Halbinsel Reykjanes liegt in historischen Zeiten. Trölladyngjá war in den Jahren 1151, 1188, 1360 und 1510 tätig; Leitin im Jahre 1000.

Die untermeerischen Ausbrüche südwestlich des Kap von Reykjanes sind zahlreich, bekannt sind die aus den Jahren 1211, 1226, 1231, 1238, 1240, 1242, 1422, 1583, 1783, 1830, 1879 und 1926. Auf der Halbinsel Reykjanes gibt es viele Erdbeben; am 30. September 1967 haben Beben den Kapleuchtturm gespalten. Eine nahegelegene Zone ist um 8 cm abgesunken und hat sich um den gleichen Betrag gedehnt; neue Solfataren sind entstanden und das heiße Wasser ist bis zu 15 m hoch emporgesprudelt.

Von Reykjanes aus geht man nach Hafnarfjördur und hinter dieser Stadt in Richtung Süden; der Weg durchschneidet den Kepelluhraun-Erguß, der vor etwa 1000 Jahren aus der Undirhlidar-Spalte kam; danach erreicht man den schönen Palagonitrücken von Sveifluháls und den Kleifarvatn-See; 2 km hinter diesem umgibt ein rissiger Boden beiderseits des Weges die heißen Schlammseen von Krisuvik. Die berühmtesten befinden sich im Westen auf dem Abhang des Sveifluháls; besonders augenfällig ist ein Schlammbecken von 110 °C, weil es eindrucksvoll aufwallt. Nicht weit davon entweicht ein kräftiger und brausender Dampfstrahl aus einem Rohr. Eine andere

Bohrung besitzt den Rhythmus eines Geysirs: zweimal pro Tag tritt mit hohem Druck der Dampf aus; westlich im Berg erkennt man alte Schwefelgruben, denen Fumarolen entsteigen. Die Verschiedenheit der Sublimate ist hier einmalig. Vor einigen Jahren entstand hier nach einem Erdbeben ein neues Solfataren-Feld: Niyhver oder „neue Quelle“.

Der Weg setzt sich nach Süden fort, wo er zwischen zwei wunderbaren, wassergefüllten Maaren verläuft: östlich des Graenavatn eins mit durchschnittlich 180 m Durchmesser, im Westen des Gestastadavatn eins mit 200 m Länge und 70 m Breite. Weitere acht Maare durchbohren den Grund südlich des Graenavatn, sie haben Durchmesser von 10 bis 100 m und sind bis auf Stóra Auga und Litla Auga schlecht sichtbar. Biegt man links ab in Richtung Osten, streift man den Eldborg, einen charakteristischen Zentralvulkan, dem der Krísuvíkurhraun-Strom entstammt. Man kommt zur Kreuzung zurück und geht in Richtung Grindavík; der Weg führt durch den bemoosten Erguß des Ogulundarhraun und die palagonitischen Rücken. Nach Grindavík führt der Weg zum Kap von Reykjanes durch die postglazialen Lavaströme der Eldvörp-Spalte und des Schildvulkans von Sandfellshaed. Ganz am Ende der Halbinsel befindet sich das sehr aktive Solfataren-Feld von Reykjavik mit Schlamm-Mulden, fumarolischen Ausdünstungen und salzhaltigen heißen Quellen; es handelt sich um Meerwasser, das in die Risse infiltrierte, in der Tiefe aufgeheizt wurde und in der thermalen Zone wieder zu Tage tritt. Man hat viele Bohrungen in diesem Gebiet vorgenommen, aber bisher waren sie ohne bedeutende Anwendung.

Thingvellir**** (Farbbild 20, S. 147)

100 km lange Route
Leicht erreichbar
Geologisch interessant: Bohrungen, junge graue Basalte, Rhyolithkuppen, Schildvulkane, Graben, Spalten, Lavaströme, Palagonitrükken, See, Wasserfall, Panorama, alte graue Basalte.
Mindestdauer: ein halber Tag.

Von Reykjavik aus nimmt man den nordöstlichen Weg in Richtung Thingvellir und läßt nach 15 km Reykir mit seinen Bohrungen rechts liegen. Links sieht man das Esja-Massiv, das in junge graue Basalte und Tillite geschnitten ist, die in ihrem südöstlichen Teil, in Móskardshnùkur, Rhyolithkuppen aus dem Pleistozän enthalten. Die Straße führt dann nördlich an dem interglazialen Schildvulkan von Mosfellsheidi vorbei. Nachdem man einen letzten Hügel erklommen hat, sieht man plötzlich den mächtigen Grabenbruch von Thingvellir.

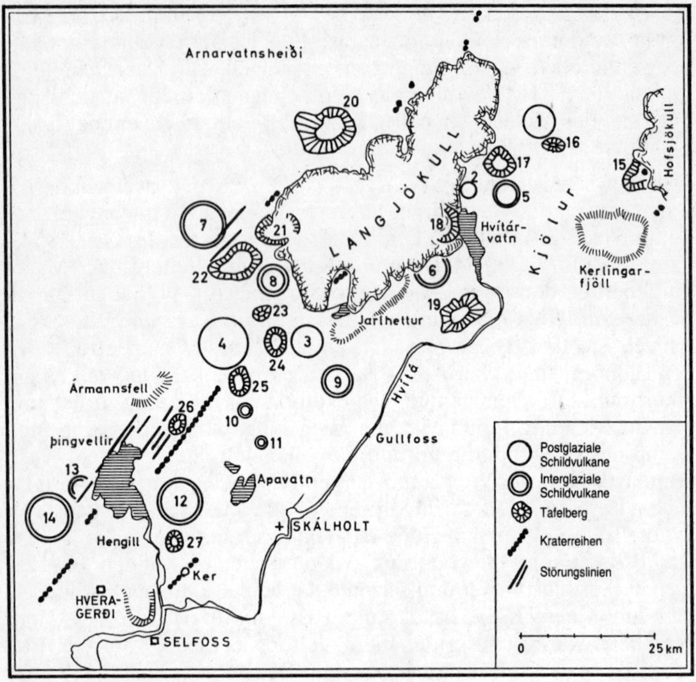

Abb. 8 Vulkanologische Skizze des Gebietes von Thingvellir – Langjökull
Postglaziale Schildvulkane: 1 Kjalhraun (Krater: Srytur); 2 Solkatla; 3 Lambahraun; 4 Skjaldbreidur.
Zwischeneiszeitliche Schildvulkane: 5 Baldheidi; 6 Skalpanes; 7 Ok; 8 Skersli; 9 Sandfell; 10 Midalsfjall; 11 Efstadalsfjall; 12 Lyngdalsheidi (Krater: Throsaborgir); 13 namenlos; 14 Mosfellsheidi (Krater: Borgarholar).
Tafelberge: 15 Blagnipa; 16 Kjalfell; 17 Hrutafell; 18 Skridufell; 19 Blafell; 20 Eiriksjökull; 21 Geitlandsjökull; 22 Thorisjökull; 23 Lambahlidar; 24 Hlödufell; 25 Skridan; 26 Hrafnabjörg; 27 Burfell
(nach *Schutzbach, W.* [1967]: Island, Feuerinsel am Polarkreis. – Bonn [Dümmler])

Klaffende Spalten von nordost-südwestlichem Streichen und mehreren km Länge durchsetzen das gesamte Gebiet. Der Graben wird im Westen von der großen Spalte von Almannagjà und im Osten von der von Hrafnagjà begrenzt. Sehr genaue geodätische Messungen haben bewiesen, daß der Graben in einem Jahr – von 1965 bis 1966 –

um 8 mm gesunken ist und sich um den gleichen Betrag gedehnt hat; während des Erdbebens von 1789, das wahrscheinlich die Stärke 7,5 hatte, ist der Graben auf einen Schlag um 67 cm abgesackt. Das Lavafeld von Thingvallahraun besteht vollkommen aus sich überlagernden, postglazial gebildeten Olivinbasaltströmen; diese beeindruckende Lavamasse stammt vom Skjaldbreidur und von einer Reihe von Kratern nordöstlich Hrafnabjörgs.

Von der Orientierungstafel von Allmanagjà aus überblickt man den gesamten Graben, der die Fortsetzung des Rifts des mittelatlantischen Rückens darstellt. Im Nordosten erkennt man die NE–SW streichenden Palagonitrücken, Armannsfell, Lágafell, Hrafnabjörg und in der Ferne den postglazialen Schildvulkan des Skjaldbreidur.

Im Süden dehnt sich der Thingvallavatn aus, der größte See Islands mit 83 km^2 Fläche, 114 m Tiefe und dessen Wasserspiegel vor einigen tausend Jahren höher lag. Die Sandey-Insel ist ein kleiner postglazialer Vulkan mit zwei Kratern; sie entspricht einer kleinen lakustrinen Surtsey-Insel. Der Abfluß des Sees erfolgt durch den Bach Sog, an dem ein Wasserkraftwerk steht. Weiter im Süden breitet sich das große Hengill-Massiv aus, das aus Palagonit besteht und postglazialen Spaltenvulkanismus zeigt. Der Lavastrom von Nesjahraun hat sich vor 1890 Jahren gebildet; es gibt unzählige Solfataren in diesem Massiv.

Im Westen sieht man den Palagonitrücken von Midfell, den Midfellshraun-Erguß von vor 9140 Jahren sowie den interglazialen Schildvulkan von Lyngdalsheidi. Es sei vermerkt, daß Thingvellir einen Höhepunkt in der Geschichte Islands darstellt, da hier das erste Parlament im Jahre 930 gegründet wurde, welches jedes Jahr im Freien tagte; an dieser Stelle wurde auch am 17. Juni 1944 die Republik Island ausgerufen.

Danach steigt man in den Graben hinab und geht den Almannagjà in Richtung Süden entlang; über dem Hotel fließt der schöne Wasserfall Oxarárfoss. Alle Risse, Sprünge und Aufwölbungen, die im Graben zu sehen sind, rühren wahrscheinlich von der Injektion von Gängen in der Tiefe her. Viele dieser Risse enthalten reines blaues Wasser, welches das ganze Jahr hindurch 4°C hat; dieses Wasser steht in direkter Verbindung mit dem Grundwasserspiegel. Der kleine Riß von Flosa oder Peningagjà ist berühmt; die Isländer werfen Geldstücke hinein, was ihnen Glück bringen soll.

Geht man weiter nach Laugarvatn, so kreuzt man die Spalte von Hrafnagjà und dann eine 15 km lange, postglaziale Kraterreihe, von der die Ergüsse von Gjabakkahraun, Karhraun und Midfellshraun stammen. Im Süden breitet sich der Vulkan Lyngdalsheidi aus, während sich im Norden ein großer Palagonitrücken von Kàlfstindar nach Skridutindar erstreckt. Man erreicht Laugarvatn, wo es einige heiße Quellen gibt. Von dort aus erkennt man bei schönem Wetter im Südosten die Hekla. Nördlich von diesem Ort begrenzen große palagonitische Massive, wie der Midalsfjall, den Horizont. Danach geht man nach Skalholt. Südlich dieses Weilers ragt der Berg Vördufell inmitten alter, grauer Basalte der Hreppar-Abfolge empor; weiter im Südwesten liegt schließlich der Vulkan Hestfjall; seine Entwicklung verlief in drei Phasen: Es begann mit einer subglazialen Hyaloklastit-Eruption, danach kam es zur Bildung eines kleinen Schildvulkans und während einer neuen Vereisungsphase zur Abtragung des Ganzen.

Kaldidalur**

100 km lange Strecke nördlich von Thingvellir
Ziemlich leicht erreichbar (Furten)
Geologisch interessant: Tafelberge, Aschenwüste, Schildvulkane, junge graue Basalte, Lavaströme, Gletscher, Olivinbasalt, Rhyolith, Hyaloklastit, Perlit, alte graue Basalte, Höhlen, Zentralvulkan, Ignimbrite, heiße Quellen.
Mindestdauer: ein Tag
Hinweise: Vorsicht vor Hochwasser der Flüsse

Kaldidalur ist wichtig, weil es den Zentralgraben im Osten von den tertiären Basalten im Westen abgrenzt.

Man steigt vom Thingvellir-Graben aus in Richtung Norden. Hinter den Thingvallahraun-Strömen führt der Weg zwischen Armannsfell und Lágafell hindurch – beide sind palagonitische Tafelberge, die von jungen grauen Basalten überlagert werden. Danach durchquert man die Wüste des Kaldidalur; rechts liegt der wunderschöne postglaziale Schildvulkan von Skjaldbreidur (1060 m), dessen Hänge eine Neigung von nur 7 bis 8 Grad haben und an dessen Gipfel sich ein tiefer Krater von 350 m Durchmesser befindet. Seine Ergüsse haben im Nordosten den Tafelberg Hlödufell umflossen. Weiter nördlich streift die Piste den östlichen Fuß des zwischeneiszeitlichen Schildvulkans Ok (1196 m) und führt westlich am Thórisjökull (1340) und am Geitlandsjökull (1400 m) vorbei, dem westlichen Ende des Langjökull. Zwischen den beiden Gletschern fällt durch seine hellen Farben der Prestahnùkur auf; es handelt sich um ein Massiv aus Rhyolith, sauren Hyaloklastiten und Perlit aus dem oberen Pleistozän; es führt jedoch kein Weg dorthin. Die Piste läuft dann entlang des Geitá-Baches, der den postglazialen Geitlandshraun-Erguß begrenzt, der aus einer Eruptionsspalte am Fuß des Langjökull stammt. Man verläßt schließlich die Aschenwüste von Kaldidalur, um zum grünen Tal von Hvitá zu gelangen. Man wendet sich nach rechts, um das Rhyolithmassiv von Tunga an dessen Ostseite zu umgehen. Nach dem Bauernhof Kalmanstunga kommt man westlich von Strútur vorbei, das in alten grauen Basalten liegt. Danach führt die Piste an dem postglazialen olivinbasaltischen Erguß von Hallmandarhraun entlang. Er ist 45 km lang, bis zu 10 km breit und sein Volumen wird auf 4 km^3 geschätzt. Er ergoß sich vor 1190 Jahren aus einer Spalte nordwestlich des Langjökull.

Diese Basaltdecke ist interessant, weil sie große natürliche Höhlen enthält, die alte Kanäle von unterirdischen Ergüssen darstellen. Sie sind durchschnittlich 10 m breit und ebenso hoch. Ihre Länge beträgt mehrere hundert Meter. Ihr First ist mit glasigen Gesteinen und Lavastalaktiten überzogen und die Wände weisen Spuren von Strömungen auf, die eine zunehmende Senkung des Lavaspiegels zeigen. Der Boden der Höhlen besteht aus Überresten des letzten Lavastroms. Drei Höhlen sind besonders wichtig: Vidgelmir mit 1460 m Länge, Surtshellir mit 1310 m Länge und Stephánshellir mit 680 m Länge. Vidgelmir befindet sich beim Flótstunga-Hof, während Surtshellir und Stephánshellir 7 km nordöstlich von Kalmanstunga genau rechts des Weges liegen. Im Hintergrund erblickt man den Eiriksjökull (1675 m).

Man begibt sich in Richtung Südwesten zurück, dann nach Westen bis zum Husafell-Hof, der nördlich eines Zentralvulkans liegt, der im Pliozän und unteren Pleistozän entstanden ist und von tertiären Basalten umgeben ist. Er bedeckt eine Fläche von 230 km^2 und besteht aus Tholeiiten, Olivinbasalten sowie Ignimbritdecken und Rhyolithintrusionen. Letztere bilden den Baejarfell und den Reidarfell im Süden. Die Ignimbrite sind in der Höhe von Gilsbakki im Nordwesten gut sichtbar, weil sie rot sind. Das gleiche gilt aber auch für die Täler im Sudwesten von Jusafell, Hringsgil, Deidargil und Asgil. Danach steigt man das Reykholtsdalur-Tal hinab, das sehr reich an heißen Quellen ist. Eine von ihnen hat eine Abflußmenge von 150 l/s bei 100 °C. Man erreicht nun Reykholt, von wo aus man wieder nach Reykjavik zurückkehren kann.

Geysir-Gullfoss****

150 km nordöstlich von Reykjavik
Leicht erreichbar
Geologisch interessant: Pseudokrater, Ergüsse, Schildvulkane, Palagonit, Nutzung natürlichen Heißwassers, Gewächshäuser, Geysire,

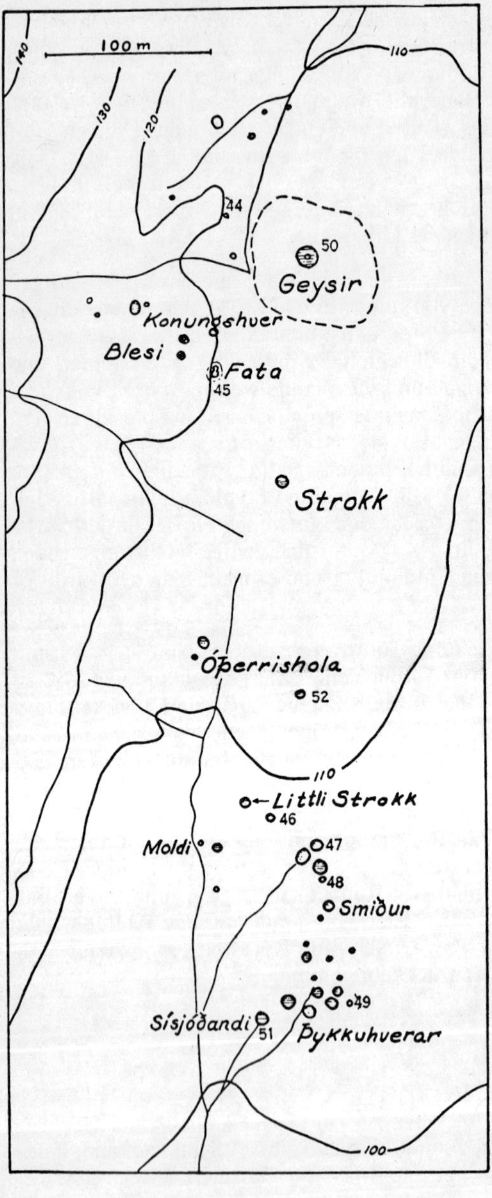

Abb. 9
Heiße Quellen von Geysir (aus *Barth, T. F. W.* [1950]: Volcanic Geology, Hot Springs and Geysers of Iceland. – Washington [Carnegie Institution])

Tafelberge, heiße Quellen, junge graue Basalte, Fumarolen, Geyserit, Wasserfall, Stratigraphie.
Mindestdauer: ein Tag
Hinweise: Vorsicht vor Schlammbecken und möglichen Einbrüchen; Vorsicht vor Verbrennungen.

Von Reykjavik nimmt man die Piste nach Hveragerdi. Nach 5 km übersäen die Pseudokrater von Raudhólar rechts den Ellidahraun-Lavastrom, der sich vor weniger als 3500 Jahren ergossen hat. Weiter links liegt der zwischeneiszeitliche olivinbasaltische Schildvulkan von Mosfellsheidi. Die Piste führt dann südlich am großen Hengill Palagonitmassiv vorbei, das von postglazialen Ausbruchsspalten durchzogen ist. Diese Spalten weisen Ergüsse auf, wobei die jüngsten davon weniger als 1000 Jahre alt sind. Nach einer großen heißen Quelle links der Piste, kommt man durch eine Ausbruchsspalte des Hengills, die in nordost-südwestlicher Richtung verläuft; danach fährt man auf einem postglazialen Lavastrom bis nach Hveragerdi, den „heißen Gärten“.

Ein ganzes Dorf ist hier entstanden, weil man die Wärmeenergie der heißcn Quellen für Gewächshäuser und ein Schwimmbad nutzt. Das thermale Potential dieses Gebietes verdankt seine Wirksamkeit lediglich einer mächtigen Kieselsäureablagerung von 40 000 m^2 Fläche, welche die heißen Quellen bedeckt. Bei einer Bohrung hat man eine Temperatur von 230 °C gemessen. In den Gewächshäusern, die 10 ha bedecken, pflanzt man Gemüse und Blumen in einer warmen Atmosphäre, die reich an natürlicher Kohlensäure ist. Die Wohnhäuser verfügen über Warmwasserheizung. Die Quellen sind seit langer Zeit durch Sagen von Vögeln, die auf dem kochenden Wasser schwimmen sollen, und durch die verwunschenen Seelen, die in dieser Gegend geboren sein sollen, bekannt.

Reykir, genau im Norden, links entlang der Straße, ist eine gewaltige Einheit von Warmwasserbecken und Solfataren, mit zusätzlich noch einem Geysir, dem Gryla; man erweckt ihn leicht mit Seifenpulver.

Von Hveragerdi wendet man sich in Richtung Selfoss, umgeht den wunderbaren Ingólfsfjall, einen Palagonit-Tafelberg, und durchquert den Bach Sog, um rechts vom Weg zum wassergefüllten Explosionskrater von Kerid zu gelangen. Er ist der südlichste einer Reihe von sechs Kratern, die in nordöstlich-südwestlicher Richtung liegen und Tjarnarhólar genannt werden. Dieser Vulkankomplex lieferte Ergüsse von Olivinbasalt und ist vor mehr als 6000 Jahren entstanden. Von dort aus geht man in Richtung Nordosten nach Gullfoss und streift den südöstlichen Teil des zwischeneiszeitlichen Schildvulkans von Lyngdalsheidi. Etwa 20 km vor Gullfoss biegt man links ab, um Geysir zu besichtigen.

Geysir stellt die bekannteste Heißquellen-Zone Islands dar, weil sie am leichtesten zu erreichen ist. Es ist ein sehr interessantes Gebiet, das eine große Vielfalt an Becken mit blauem Wasser, kleinen Mulden mit heißem Schlamm und natürlichen Geysiren besitzt. Der Untergrund besteht aus Palagoniten, die mit Ergüssen von jungen grauen Basalten abwechseln. Im Nordwesten liegt der Rhyolithhügel Laugarfjall. Die Wassertemperatur an der Oberfläche schwankt zwischen 80 und 100 °C. Im Wasser sind Stickstoff, Kohlensäure, Sauerstoff, Wasserstoff, Edelgase und Spuren von Schwefelwasserstoff gelöst. Dieses Gebiet, das auch Haukadalur heißt, wurde mehrmals durch Erdbeben reaktiviert. Die heißen Quellen verdanken ihre Existenz dem Vorhandensein von großen Spalten.

Der berühmteste aller Geysire ist der Große Geysir im Norden des Geysir-Beckens. Seine Öffnung hat einen Durchmesser von 14 m und sein Zentralkanal ist 23 m tief. Er wird von einer weiten Kuppe aus Geyserit, eine Art von amorpher Kieselsäure, die zuerst im heißen Wasser gelöst war und sich dann am Rand des Geysirs absetzte, gekrönt. Die Stratigraphie der Kuppe zeigt ein Alter von 7000 bis 8000 Jahren, aber die erste Kieselsäureablagerung mag wohl erst aus dem 9. Jahrhundert stammen. Seit einigen Jahren ist der Große Geysir nur selten tätig. Nur sein Nachbar, der Strokkur, der durch eine Bohrung vor einigen Jahren wieder künstlich geöffnet wurde, schleudert alle paar Minuten eine Mischung von Wasser und Dampf in 20 m Höhe empor. Ein wenig südwestlich zeigt das Warmwasserbecken von Operrishola – das „Loch des Regenwassers“ – nur dann eine Geysirtätigkeit, wenn der Luftdruck stark absinkt. Es ist ein richtiges Barometer! Der Smidur kocht ständig, und um daraus einen Geysir entstehen zu lassen, haben die Isländer als einzige Lösung das Hineinwerfen großer Mengen von Seifenpulver gefunden, was eine kochende Explosion hervorruft. Man benützt das gleiche Verfahren, um den Großen Geysir tätig werden zu lassen. Blesi, nordwestlich des Strukkur, ist eine wunderbare Einheit von zwei kommunizierenden Becken. In einem ist das Wasser klar und farblos; im anderen ist es intensiv blau. Der Unterschied der Farben erklärt sich aus zwei verschiedenen Lösungszuständen der Kieselsäure. Das intensive Blau rührt von der Lichtstreuung an kleinen Kieselsäureteilchen her, die in kolloidaler Lösung vorliegen.

Die Bildung von Geyserit, der in Geysir überall anzutreffen ist, kann man nur schwer erklären. Der Große Geysir hat vor 1935 in 20 Jahren eine 10 cm dicke Geyseritschicht abgelagert. Die Kieselsäure sondert sich zuerst in Form von Opal ab, der allmählich zu Cristobalit und Quarz kristallisiert. Die Geyseritablagerungen sind der Grund, warum zahlreiche Geysire heute verstopft sind.

Wie die meisten thermalen Zonen besitzt Geysir seine Heizungsanlage, die genug Hitze für das nahegelegene Hotel und Schwimmbad erzeugt.

Man geht nach Süden zurück und an der Kreuzung in Richtung Nordosten bis nach Gullfoss, das man von weitem bereits durch eine kleine Wasserdampfwolke erkennt. Gullfoss oder der „Goldfall" ist der schönste Wasserfall Islands. Das Wasser des Hvitá, „weißer Fluß", der aus dem Langjökull-Gletscher kommt, fällt auf Basaltplateaus. Die Abflußmengen reichen je nach Jahreszeit von 30 bis 1600 m^3/s.

Die Flußerosion hat eine interessante stratigraphische Abfolge freigelegt: fluviatile Sedimente, einen ersten Basaltstrom, Sedimente mit Tilliten, einen zweiten Basaltstrom, eine palagonitische Abfolge und schließlich einen dritten und letzten Basaltstrom. Dieser Komplex stammt aus dem Pleistozän. Der Gullfoss-Wasserfall, der eine Gesamthöhe von 30 m hat, fließt waagerecht in den Palagoniten, fällt die Steilwand des zweiten Basaltstromes hinunter, fließt auf dem Ablagerungsplateau der Tillite und fällt dann längs des ersten Basaltstromes hinab, um sich danach in die fluviatilen Sedimente hineinzugraben.

Der Gullfoss ist nicht nur geologisch interessant; dieser majestätische Wasserfall, dessen Sprühregen in allen Regenbogenfarben schimmert, er ist auch von besonderer Schönheit.

Kerlingarfjöll-Hveravellir*** (Farbbilder 22, 23, S. 148)

150 km lange Route nordöstlich von Gullfoss
Ziemlich schwer erreichbar (Furten, steile Abhänge)
Geologisch interessant: Palagonitrücken, Gletscher, Tafelberge, Frostwüsten, heiße Quellen, Solfataren, Kuppen aus Rhyolith, Obsidian und Bimsstein, Geysire, Geyserit, Schwefelablagerungen, Warmwassernutzung, erstarrter Lavasee, Hornito.
Mindestdauer: ein Tag
Hinweise: Vorsicht vor Schlammbecken und möglichen Einbrüchen; Vorsicht vor Verbrennungen

Von Gullfoss wendet man sich in Richtung Norden und biegt nach 10 km links in Richtung Hagafell ab. Nach einigen km überquert man den Palagonitrücken von Jarlhettur und gelangt zu dem See Hagavatn am südlichen Fuß der großen Eiskappe Langjökull. Von dort aus kann man die Eiszunge von Jagafellsjökull im Norden bewundern, den Tafelberg Hlödufell im Südwesten, den Palagonitrücken Skridutindar und im Hintergrund den Schildvulkan Skjaldbreidur. Man begibt sich zurück zur Kreuzung, setzt den Weg nach Nordosten fort und kommt westlich am Tafelberg Blàfell und dann am schönen Gletschersee Hvitàrvatn vorbei um dann in den Kjölur, eine Wüste von frostzersprengten Gesteinen, zu fahren. Ungefähr 20 km hinter dem See kommt man rechts auf die schwierige Piste von Kerlingarfjöll, einer weiten Thermalzone mit saurem Vulkanismus, die sich über 150 km^2 erstreckt und auf den südwestlichen Ausläufern des Hofsjökull liegt. Man schätzt die Zahl der Fumarolen und heißen Quellen in dieser Gegend auf tausend. Das Solfatarenfeld ist eng verbunden mit sehr schönen Rhyolithkuppen aus dem Pleistozän, wie Lodmundur (1432 m) und Maenir (1335 m). Die heiße Zone setzt sich teilweise unter dem Gletscher fort. Die Sublimat-Ablagerungen sind sehr verschieden. In den heißen Bächen, die in den tieferen Teilen des Kerlingarfjöll fließen, findet man zahlreiche Blöcke von sauren Gesteinen, Obsidian und Bimsstein. Die Schönheit dieser Thermalzone, dieses Zusammenspieles von Eis, brennenden Fumarolen und Ablagerungen von grellen, gelben, orangen, grauen und grünen Farben, hat nicht ihresgleichen in Island.

Man kehrt zurück auf die Piste, die durch den Kjölur von Süden nach Norden zwischen Langjökull und Hofsjökull führt. 30 km nach der Einmündung erreicht man die Thermalzone von Hveravellir, die auf den nordöstlichen Ausläufern des Langjökull liegt. Dieses Gebiet, „die Ebene der heißen Quellen", besitzt etwa 30, von schönen geschichteten Geyseritablagerungen umgebene, Heißwasserbecken. Der Bolutler im Nordwesten ist eine 4 m breite, mit kochendem Wasser gefüllte Mulde. Gosher ist ein kleiner Geysir; neben ihm liegen zwei wunderbare, von Schwefelgirlanden umsäumte Löcher. Das schönste Blauwasserbecken von Island befindet sich ebenfalls in Hveravellir: es ist der Blahver, das „Blaue Becken", mit einem Durchmesser von 8 m und einer Wassertemperatur von 90°C. Es ist umgeben von anderen Becken wie dem Graenihver oder „Grünen Becken" und dem Braedrahverir, dem „Brüderbecken".

Die beiden Wohnhäuser von Hveravellir werden mit Thermalwasser geheizt.

Der Gesteinssammler wird hier sehr schöne Abscheidungen von faserigem Geyserit in Blumenkohl-Form sammeln können sowie alte Stücke von Heißwasserrohren aus Holz, die mit dem gleichen Mineral überkrustet sind.

Von Hveravellir aus kann man in Richtung Süden den postglazialen, moosbedeckten Schildvulkan Strytur (840 m) besteigen. Sein Einbruchskrater ist besonders interessant, da sich auf seinem Grund ein erstarrter Lavasee befindet. 150 m südwestlich ragt ein spitzer Hornito 20 m in die Höhe. Von dort aus sieht man weit im Süden die Tafelberge von Kjalfell und Hrùtfell.

Es sei erwähnt, daß sich der Weg weiter nördlich von Hveravellir fortsetzt und bis nach Blönduos oder nach Varmahlid führt.

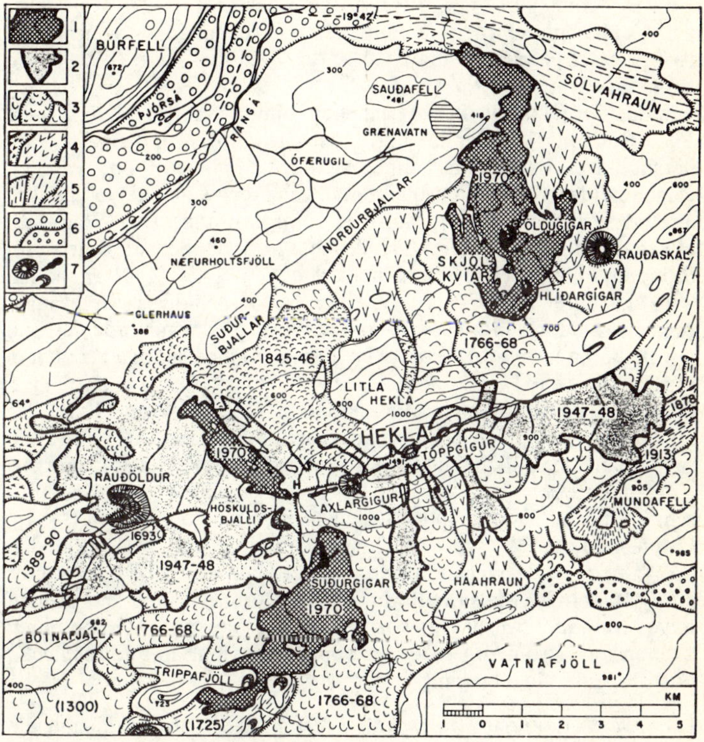

Abb. 10 Vulkanologische Karte der Hekla

1 Lavaströme von 1970; 2 Lavaströme von 1947–1948; 3 andere Lavaströme, jünger als die Kolonisation von Island; 4 prähistorische Lavaströme; 5 Lavaströme aus Spalten von der Umgebung der Hekla; 6 Thjórsà- und Vatnafjöll-Strom; 7 Krater (die von 1970 in schwarz); H Hraungigur

(aus *Thorarinsson, S. und Sigvaldasson, G.* [1973]. – Bull. volcanol., 36 [2], Roma)

Hekla**** (Farbbild 24, S. 149)

40 oder 70 km nordöstlich von Hella
Ziemlich schwer erreichbar (einige Furten, einige steile Abhänge)
Geologisch interessant: Stratovulkan, Ergüsse, Krater, Aschen, Bimssteindecken, Kuppen, Spalten.
Mindestdauer: ein Tag
Hinweise: ein Eispickel und Steigeisen sind oft nützlich

Von Hella aus gibt es zwei Reiserouten nach Hekla. Die eine führt zum Vulkangipfel (40 km lange Piste), die andere erreicht den Nordteil der Hekla und die Ergüsse des Ausbruchs von 1970 (70 km lange Piste).
Um den Gipfel der Hekla zu besteigen, nimmt man von Hella aus die Piste Richtung Hvolsvöllur und biegt nach 2,5 km links nach Gunnarsholt ab. Von dort aus geht es nach Kot und Naefurholt; zwischen diesen beiden Gehöften erblickt man ganz rechts die Hekla und ihre alten Lavaströme Sudurhraun und Nordurhraun. Der Weg geht etwas nordöstlich weiter und hört in 500 m Höhe auf. Nach drei Stunden Fußmarsch erreicht man den Gipfel des 1491 m hohen Vulkans. Drei Krater sind auf einer Nordost-Südwest-Linie angereiht. Besonders eindrucksvoll sind der Toppgigur im Nordosten und der Axlargigur im Südwesten. Sie verdanken ihre heutige Form dem Ausbruch von 1947. Der Axlargigur verfügt auch über Fumarolenfelder, aus denen vor allem Wasserdampf austritt. Vom Gipfel der Hekla aus genießt man ein wunderbares Panorama. Im Nordosten sieht man die Vulkanbauten des Hlidargigar und des Öldugigar – entstanden beim Ausbruch von 1970 und umgeben von palagonitischen Hügeln. Weiter entfernt liegen die Ergüsse von Thjórsà. Im Osten sieht man die saure Vulkaneinheit von Torfajökull, im Süden die Kuppen Sudurgigar mit den Lavaströmen von 1970 und weiter entfernt den Mýrdalsjökull. Im Westen erblickt man die großen Lavaströme des Ausbruchs von 1947 sowie die von 1945 und einen kleinen Lavastrom von 1970, der vom Hraungigur am südwestlichen Fuß des Axlargigur stammt.

Die zweite Exkursion führt von Westen und Nordwesten um die Hekla herum. Von Hella aus überquert man den Ytri-Ranga-Fluß und fährt vorbei an Arbaer bis nach Skard. Vor und hinter diesem Ort befindet man sich in den Thjórsà-Lavaströmen, die reich an Plagioklaseinsprenglingen sind. Diese Laven kommen aus dem zentralen Teil der Tungnaà-Ebene und des Vatnaöldur-Gebietes. Der längste dieser Ergüsse ist 150 km lang und hat ein Volumen von 15 km^3; er ist etwas jünger als 6600 Jahre. Die jüngsten Thjórsà-Ergüsse sind etwa 4000 Jahre alt. Im Nordwesten fließt die Thjórsà, der größte Fluß Islands mit 230 km Länge und einer Durchschnittsabflußmenge von 340 m^3/s bei Bùrfell. Weiter nördlich kommt man ganz nahe an der Thjórsà vorbei und bemerkt auf der anderen Flußseite den Bùrfell-Berg, der aus alten grauen Basalten der pliozänen Hreppar-Abfolge und aus pleistozänen Kissenlaven aufgebaut ist. Hier befindet sich auch das größte Wasserwerk des Landes. Am Rande der Piste bemerkt man andesitische schwarze Lapilli und bimssteinartige Schlacken; es handelt sich hierbei um Tephra vom Ausbruch des Jahres 1970. Weiter entfernt, am Sölvahraun, sind in kleinen Brüchen am Straßenrand die hellen Bimssteindecken H4, H3 und H1 aufgeschlossen. Hinter dem palagonitischen Hügel von Saudafell-Bjellar im Süden führt die Piste nördlich an den Lavaströmen des Hekla-Ausbruches von 1970 vorbei, die leicht zu erreichen sind. Die Kraterreihe von Öldugigar, die vom 20. Mai bis zum 5. Juli 1970 tätig war, ist gut sichtbar. Ihre höchste Kuppe besteht aus aufgeschütteten Schlacken und es gibt dort noch eine Fumarolentätigkeit. Die Ergüsse sind vor allem vom „apalhraun“ Typ, also dick und unregelmäßig. Im Südosten erblickt man die Hlidargigar, die vom 5. bis 20. Mai 1970 tätig war. Man nimmt wieder die Piste in Richtung Osten nach Landmannalaugar und kreuzt die Fortsetzung der Heklugjà, der „Hekla-Spalte“, die durch einige Schlackenkuppen aus historischer Zeit verkörpert wird. Vor der Spalte führt links eine kleine Piste nach Valagjà, dem Zeugen eines prähistorischen Spaltenausbruchs, der älter als 2800 Jahre ist. Etwas weiter, Richtung Osten, säumt der Lavastrom Nýjahraun des Krakatindur-Ausbruches von 1878 die Straße. Nach 2,5 km in Richtung Norden sieht man den Erguß von Lambafitjarhraun, der aus einem Spaltenausbruch von 1913 stammt. Die Piste durchschneidet eine Kraterreihe und weiter im Osten liegt das Gebiet der Palagonithügel, das des sauren Vulkanismus des Torfàjökull und des Landmannalaugar.

Die älteste Schrift, in der der Hekla-Vulkan erwähnt ist, datiert auf das Jahr 1180 zurück. H. Chaplain, aus der Abtei von Clairvaux, ist ihr Autor. Dieser Vulkan, der im Südwesten Islands, 110 km nordöstlich von Reykjavik liegt und eine sonderbare Morphologie aufweist, ist der tätigste Vulkan des Landes. Von Südwesten betrachtet, sieht er aus wie eine Kuppe, von Nordwesten hingegen erscheint er wie ein umgekipptes Schiff im Profil. Das rührt daher, daß die Hekla ein Spaltenvulkan ist und eine unterschiedliche Silhouette zeigt, je nachdem, ob man sie von der Spaltenachse oder senkrecht zur Spalte betrachtet. Die Heklugjà genannte Spalte ist 5,5 km lang und streicht Nordost-Südwest.

Die vulkanische Tätigkeit der Hekla seit dem Ende der Eiszeit kann in fünf Zyklen unterteilt werden, von denen jeder mit einem sehr heftigen Explosionsausbruch begann. Man hat folgende Zyklen festgestellt: den von vor 6600 Jahren (H5), vor 4000 Jahren (H4), vor 2800 Jahren (H3), vor 2000–1500 Jahren (H2) und den aus dem Jahre 1104 n. Chr. (H1). Jeder Zyklus war wahrscheinlich durch mehrere Ausbrüche gekennzeichnet, es sind jedoch nur die bekannt, die seit der Kolonisation Islands stattgefunden haben. 15 davon waren durch Ruhepausen von manchmal mehr als 100 Jahren voneinander getrennt; die einzelnen Ausbrüche dauerten selten länger als ein Jahr.

Man nimmt an, daß es zwei Arten von Ausbrüchen der Hekla gibt. Die erste Art stellt eine rein explosive Phase nach einer vorangegangenen langen Ruheperiode dar. Die Produkte sind rhyolithische Bimssteine und es gibt keinen Lavastrom. Die vom Wind verwehten Pyroklastika bedecken große Flächen. Diese erste Tätigkeitsform ist typisch für die explosiven Ausbrüche am Anfang eines jeden Zyklus. Die zweite Tätigkeitsform ist durch Tephra-Auswurf und Lavaströme gekennzeichnet. Ihre erste Ausbruchsphase ist gewöhnlich plinianisch – explosiv und heftig,. Sie liefert während einer oder mehrerer Stunden saure Tephra, die 60 bis 90% des Volumens der gesamten Pyroklastika eines Ausbruchs darstellen. Vor Ende dieser Phase beginnt der Erguß von Lava, die im allgemeinen zunächst andesitischer, manchmal auch dacitischer Natur ist und zuletzt basaltisch wird. Die Lavamenge ist während der ersten Stunden gewaltig. Sie geht nach einigen Tagen auf ein Minimum zurück, um später wieder anzusteigen. Die Endphase der Tätigkeit ist immer rein effusiv. Erdbeben begleiten den Beginn der Hekla-Ausbrüche, aber im allgemeinen beginnen sie erst eine oder zwei Stunden vor der ersten Oberflächen-Erscheinung. Ihre maximale Stärke erreichen sie gleich nach Beginn des Ausbruchs. Es sei erwähnt, daß die Lavaströme meistens aus der Heklugjà-Spalte ausfließen, die sich fast bei jedem neuen Ausbruch wieder öffnet. Diese zweite Tätigkeitsform ist charakteristisch für die 15 historischen Ausbrüche, die eine Gesamtmenge von 5 km^3 Aschen und 8 km^3 Laven gefördert haben.

Petrographisch unterteilt man die Laven der Hekla in drei Arten:

- die Dacite mit Plagioklas-, Pyroxen-, Magnetit-, Olivin- und Apatiteinsprenglingen von 0,3 bis 1,5 mm Größe, die in einer kryptokristallinen fluidalen Matrix schwimmen (57 bis 60% SiO_2). Diese Gesteine sind typisch für die Initialphasen der Ausbrüche von 1845–1846 und von 1947;

- die Andesite, welche die gleichen Einsprenglinge wie die Dacite enthalten, aber einen höheren Olivinanteil aufweisen. Die Grundmasse ist viel körniger und ebenfalls fluidal (55 bis 56% SiO_2). Diese

Gesteine sind typisch für die Hauptphasen der Ausbrüche von 1845–1846 und von 1947;

- die „alkalischen Basalte“, mit Plagioklas-, Olivin-, Magnetit- und Apatiteinsprenglingen, die in einer glasigen fluidalen Grundmasse mit Plagioklas- und Pyroxenmikrolithen schwimmen (54% SiO_2). Diese Gesteine sind typisch für die Endphase des Ausbruchs von 1947 und wurden während des gesamten Ausbruchs von 1970 ausgeworfen. Einige Geologen nennen sie auch „Olivinandesite“.

Die Pyroklastika der explosiven Phasen am Anfang eines jeden Ausbruchs sind entweder rhyolithische oder dacitische Bimssteine. Der Kieselsäuregehalt liegt zwischen 55 und 70%. Magmatologisch gesehen sind die Initialphasen umso explosiver und saurer, je länger die Ruhepausen waren. Dies kann durch eine progressive Assimilation der sauren Deckengesteine des Magmaherdes erklärt werden. Wichtige tephrochronologische Untersuchungen gestatten es, die historischen Ausbrüche der Hekla zu rekonstruieren, die im folgenden beschrieben werden.

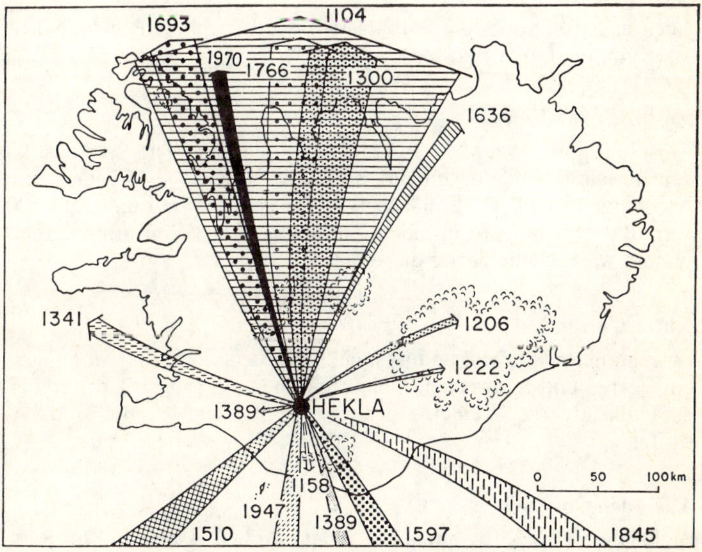

Abb. 11 Karte der Streurichtungen der Aschen während der Initialphase der 15 historischen Eruptionen der Hekla. Die Dicke eines jeden Pfeils steht in ungefährem Verhältnis zu der Menge der geförderten Aschen (aus *Thorarinsson, S.* und *Sigvaldasson, G.* [1973]. – Bull. volcanol., 36 [2], Roma)

Ausbruch von 1104

Er beginnt im Herbst und ist rein explosiv; die Pyroklastika werden in Richtung Norden geblasen und bedecken die Hälfte des Landes (H1). Feine Bimssteine erreichen sogar Skandinavien. Mehrere Weiler werden zerstört, sie werden nicht wieder besiedelt. Bis auf den Ausbruch des Öraefajökull im Jahre 1362 ist dies der heftigste Aschenausbruch in Island in historischer Zeit.

Ausbruch von 1158

Er beginnt am 19. Januar mit Bimssteinauswürfen, die nach Süden verweht werden; ein Lavastrom, der Efrahvolshraun, fließt den Westhang des Vulkans hinab.

Ausbruch von 1206

Er beginnt am 4. Dezember und ist schwach; die Pyroklastika werden nach Nordosten verweht.

Ausbruch von 1222

Auch er ist schwach; die Pyroklastika werden ebenfalls nach Nordosten getragen.

Ausbruch von 1300

Er ist heftig, beginnt Mitte Juli und dauert ein Jahr. Die Pyroklastika der Initialphase bedecken das nördliche Viertel des Landes. Die Aschenniederschläge verursachen große Schäden und ungefähr 500 Menschen verhungern im nächsten Winter. Der Sudurhraun-Erguß stammt wahrscheinlich aus dieser Zeit.

Ausbruch von 1341

Er beginnt am 19. Mai und ist nicht besonders heftig. Aschen fallen im Westen und Südwesten. Sie verursachen ein großes Tiersterben, da Flußsäure die Weiden verseucht. Fünf kleine Weiler sind betroffen.

Ausbruch von 1389

Er beginnt Ende des Jahres mit einem großen Aschenfall im Südosten. Diese Initialphase beginnt auf der Heklugjà-Spalte, aber eine neue Spalte öffnet sich im Westen bei Skard, im Tal nordöstlich von Selsund. Der Weiler wird von dem Nordurhraun-Erguß zerstört. Der Raudöldur-Krater entsteht.

Ausbruch von 1510

Die erste Phase, am 25. Juli, ist sehr heftig. Vulkanische Bomben fallen bis 40 km westlich der Hekla. Eine von ihnen tötet einen Mann in Landsveit. Die Aschen werden nach Südosten geweht und verursachen große Schäden.

Ausbruch von 1597

Er beginnt am Abend des 3. Januar und dauert sechs Monate. Die Aschen werden in den Südosten geblasen und verursachen kleine Schäden.

Ausbruch von 1636

Er ist schwach, beginnt am 8. Mai und dauert ein Jahr. Aschen fallen im Nordosten des Landes und verursachen dort den Tod von einigem Vieh.

Ausbruch von 1693

Er beginnt am 13. Januar und dauert mindestens sieben Monate. Seine Initialphase ist sehr heftig. Im Nordosten fallen Bimssteine, diese zerstören acht Gehöfte und verursachen viele Schäden in den kleinen Wäldern Islands. Fische in Flüssen und Seen sowie Vögel sterben zu Tausenden. Das Vieh wird zum Teil durch Flußsäure getötet. Große Mengen Lava, deren Ausdehnung nur ungenau bekannt ist, werden gefördert.

Ausbruch von 1766

Es ist der längste in historischer Zeit. Er beginnt morgens am 5. April und hört erst wieder im Mai 1768 auf. Bis auf den Ausbruch des Lakagigar 1789, ist es der größte bekannte Lavaausbruch in Island. Die Ergüsse von Heklugjà fließen in alle Richtungen, besonders nach Südwesten. Sie bedecken 65 km^2. Die Aschen der Initialphase fallen im Norden und verursachen den Tod vieler Haustiere und Fische. Fünf Gehöfte werden vernichtet. Ein gewaltiger Schlammstrom strömt in das Ytri-Ranga-Tal.

Ausbruch von 1845

Am Morgen des 2. September beginnt die Initialphase, die vier Stunden dauert. Der Wind trägt Bimssteine nach Südosten. Die feinsten Aschen erreichen die Färöer-Inseln. Ein großer Schlammstrom fließt den Ytri-Ranga-Bach hinunter. Die auf die Weiden gefallenen Aschen dezimieren das Vieh. Lavaströme fließen in Richtung Nord und Nordwest und bedecken eine Fläche von 25 km^2. Der Ausbruch hört nach sieben Monaten auf.

Ausbruch von 1947

Einer der größten Ausbrüche des 20. Jahrhunderts in Island beginnt bei der Hekla am 29. März, um 6.40 Uhr Ortszeit. Er dauerte 13 Monate und wurde von den isländischen Geologen in bewundernswerter Weise studiert. Die ersten Momente des Ausbruches konnten dank der Aussagen und Bilder von Bauern der Umgebung rekonstruiert werden. Durch Rundfunkaufrufe und Presseartikel wurden mehr als 20 Bilder aufgestöbert, die in den ersten 30 Sekunden nach Beginn des Ausbruchs gemacht worden waren. 20 Minuten nach Beginn der Vulkantätigkeit waren bereits Geologen und Geophysiker benachrichtigt. Am Abend waren sie zur Stelle. Der Vulkan wurde während seiner gesamten Tätigkeitsphase beobachtet.

Der Ausbruch beginnt auf der Nordostflanke des Vulkans mit einer explosiven Phase.

Gleich in den ersten Minuten steigt eine Dampfsäule über der Hekla auf. Um 6.50 Uhr findet ein Beben statt, das die Intensität 6 auf der Mercalli-Skala erreicht. Die Intensität des Ausbruchs nimmt zu und eine 4 km lange Spalte, die Heklugjà, öffnet sich auf dem Gipfel des Vulkans. Um 7 Uhr erreicht die vulkanische Wolke 27 000 m Höhe und fällt rapide auf 10 000 m ab, wo die Grenze zwischen Stratosphäre und Troposphäre liegt. Die Fahne besteht hauptsächlich aus weißem Dampf. Die Windrichtung ist gerade N-S, als um 7 Uhr 10 Aschen zu fallen beginnen. Bis um 7.40 Uhr besteht die Tephra aus grau-braunen, rhyolithischen Bimssteinen (62% SiO_2-Gehalt). In der nächsten halben Stunde wird der Bimsstein braunschwarz und feiner. Er ist nun dacitisch (56% SiO_2-Gehalt). Eine heftige Eruption schwarzer Aschen folgt. Der Bezirk Flöjtshlid wird von einer 10 cm dicken Tephraschicht bedeckt und ähnelt einer Wüste. Der normalerweise weiße Eyjafjallajökull-Gletscher wird gänzlich schwarz. Die Ascheschicht erreicht 50 bis 100 cm Dicke im Tal zwischen Vatnafjöll und der Hekla, das außerdem von Bomben mit bis zu 1 m Durchmesser übersät ist. Um 18 Uhr fallen Aschen auf das Schiff „Sacramento“, das sich 820 km südlich der Hekla befindet.

Die Fortbewegungsgeschwindigkeit der Aschenwolke beträgt 72 km/h. Am 31. März um 10 Uhr fallen Aschen auf Helsinki, das 2860 km entfernt ist. Während der ersten halben Stunde des Ausbruchs werden pro Sekunde 75 000 m^3 Tephra gefördert; während der nächsten halben Stunde sind es nur noch 22 000 m^3/s, danach nimmt die Fördermenge sehr schnell ab. Die Gesamtmenge der Asche, die während der explosiven Phase ausgeworfen wurde, beträgt 180 000 m^3. Die von Asche bedeckte Landoberfläche beläuft sich auf 3120 km^2. Die Detonationen, welche die Eruptionen begleiteten, wurden bis auf der Insel Grimsey im Norden Islands gehört. Seit dem Beginn des Ausbruchs strömen zahlreiche Schlammströme oder „hlaup" die Vulkanhänge hinab. Der größte davon umfließt Litla Hekla beiderseits und endet im Flußbett des Ytri-Ranga. Die Gesamtmenge des Schlammstromes wurde auf 3 Millionen m^3 geschätzt. Das im Hlaup enthaltene Wasser stammt von dem durch die Hitze geschmolzenen Schnee und aus der Kondensation des vulkanischen Dampfes. Die Anfangsgeschwindigkeit der Hlaups war 8 km/h. Von Eruptionsbeginn an laufen Lavaströme aus der Eruptionsspalte. Die Abnahme der Bimsstein-Förderung ist von einer Zunahme der effusiven Phase begleitet. Lava strömt in einer Menge von 3500 m^3/s aus. Am Abend des 29. März hat die Lava schon eine Fläche von 10 bis 15 km^2 bedeckt. Am 30. März wird Lava aus dem Krater Hraungígur gefördert, der sich auf dem südwestlichen Teil der Spalte, am Gipfel der Hekla, öffnet. Es entsteht ein großer Explosionskrater, der Axlargígur. Auf ihn folgt der Toppgígur-Gipfelkrater, der ebenfalls ein Explosionskrater ist. Danach läßt die Vulkantätigkeit nach, aber die Enden der Spalte fördern noch Lava in großer Menge.

Vom 9. April bis zum 28. April werden die Explosionskrater, insbesondere der Axlargígur, erneut aktiv. Danach nimmt die Heftigkeit der Explosionen ab, aber am 28. Juni entsteht ein weiterer Explosionskrater auf der Nordflanke der Hekla. Während des Winters kommen die Explosionen ruckweise, und im Frühling setzen sie bis zum 5. März ganz aus. Dann öffnet sich ein kleiner Krater auf der Spalte; es ist der letzte Vulkanbau, den die Hekla während der Ausbruchsphase von 1947 errichtet.

Die Förderung des Hraungígur-Stromes hält während der ganzen Eruptionsphase an. Mehr als 20 Lavaströme gehen von der Hekla aus. Sie haben Temperaturen von ca. 1000 °C. Durchschnittlich werden 30 m^3/s gefördert, mit Mittelwerten von 55% Kieselsäure und 12% Hämatit. Ihre Fördergeschwindigkeit schwankt zwischen 20 cm/s und 3 m/s. Am 23. August 1947 stockt nach 8 km der längste Lavastrom. Am 21. April 1948, nach dreizehn Monaten ununterbrochener effusiver Tätigkeit, wird der letzte Lavastrom gefördert. Die gesamte geförderte Lavamenge während dieses Ausbruchs wird auf 800 Mio m^3 geschätzt; die gesamte Aschen- und Lavamenge beträgt ungefähr 1 km^3 und macht somit diesen Ausbruch zu einem der größten in historischer Zeit.

Die Schäden während dieser langen Tätigkeitsphase waren relativ gering. Etwa hundert Bauernhöfe wurden beschädigt. Quellen und

Weiden wurden durch Fluor verseucht, das bei den Haustieren eine Krankheit hervorrief, die durch Zahnausfall und Knochenerweichung charakterisiert war. Durch Entgasung von Kohlendioxid wurden viele Tiere in ausgesprochenen „Todestälern“ erstickt. Die Schüttungsmenge der Trinkwasserquellen nahm gewaltig ab. Es gab einen tödlichen Unfall, als ein glühender Lavablock einen jungen Vulkanologen tötete.

Der Ausbruch von 1970

Der Beginn der Eruption von 1970 erstaunte alle Vulkanologen: sie hatten nicht erwartet, daß die Hekla nach kaum 23 Jahren Ruhephase ihre Tätigkeit wieder aufnehmen würde. Am 5. Mai, um 20.58 Uhr Ortszeit, registrieren die Seismographen von Reykjavik Erdbeben, die ihre maximale Stärke von vier auf der Richter-Skala um 22 Uhr erreichen. Ab 21.30 Uhr erreicht das Magma die Oberfläche. Gleichzeitig öffnen sich Spalten im Südwesten und im Westen der Heklugjà-Spalte, die nur an ihrem Südwestende aktiv ist. Axlargígur und Toppgígur sind während der ganzen Eruption ruhig. Die einzigen Vorzeichen des Beginns der Aktivität waren die Nervosität und die Erregung der Hunde des 15 km nordwestlich der Hekla gelegenen Wasserkraftwerks von Bùrfell. Zuerst bilden sich zwei 500 m voneinander entfernte Krater auf einer Spalte südlich des Axlargígur. Ein dritter erscheint etwas später und wird bald zum bedeutendsten, da er um 22.30 Uhr eine 1000 m hohe zusammenhängende Lavasäule auswirft. Diese drei Krater werden Sudurgígar genannt. Eine Spalte öffnet sich westlich, direkt unter dem Hraungígur von 1947 und erreicht eine Länge von 600 m. Vor Mitternacht öffnet sich eine andere Spalte 1 km nordwestlich von der vorigen; sie schleudert 300 m hohe Lavasäulen empor. Einige Stunden zuvor, um 22.35 Uhr, entsteht 7 km von der ersten Ausbruchsstelle, nordöstlich von Heklugjà, ein Schlot, aus dem eine Aschensäule emporsteigt die sich pilzartig und von Blitzen durchzogen in 2500 m Höhe ausbreitet. So entstehen zwei Krater neben den prähistorischen Ausbruchstellen von Skjólkviar. Einige Stunden später bildet sich auf einer Spalte ein dritter Krater, der die stärkste Tätigkeit haben wird; die drei Krater werden Hlidargígar genannt.

Aber wenden wir uns wieder der Initialphase zu. Sie dauert zwei bis drei Stunden und ist durch gewaltige Lavasäulen gekennzeichnet. Um 22.10 Uhr erreicht die Dampfwolke 16 000 m Höhe, drei Stunden später sind es nur noch 7500 m. Während dieser Stunden werden pro Sekunde 10 000 m^3 Pyroklastika gefördert, deren Gesamtmenge auf 70 Mio m^3 geschätzt wird. Die Aschen werden nach Nordosten geweht und erreichen gegen Mitternacht die isländische Nordküste.

Zum Unglück der Bauern Islands sind diese Pyroklastika besonders reich an Fluor. Sie haben nämlich bis zu 2000 ppm, wobei 250 ppm ausreichen, um das Vieh zu töten. So sterben mehr als 2000 Schafe.

Nach zehn Stunden Fördertätigkeit haben sich 4,5 km^2 Lava um den Sudurgígar gebildet, 1,5 km^2 um die Krater im Westen und genau soviel um den Hlidargígar. Am 8. Mai versiegt die Westspalte. Die Lavaströme des Sudurgígar kommen am 10. Mai zum Stillstand, während die Hlidargígar-Gruppe ihre Tätigkeit bis zum 20. Mai fortsetzt. Am gleichen Tag um 17.45 Uhr öffnet sich eine neue Spalte 1 km nördlich des Hlidargígar. Wie alle anderen Spalten dieser Eruption streicht sie etwa NE/SW. Nahezu 70 Lavasäulen steigen bis zu 50 m Höhe empor. Schon um 23.30 Uhr hat die Lava 1 km^2 bedeckt. Krater bilden sich auf der Spalte; sie werden Öldugígar genannt. Acht von ihnen sind besonders aktiv bis nach einer Weile nur noch vier, später zwei und schließlich nur noch einer tätig ist, der einen 100 m hohen Kegel aufbaut. Am 5. Juli ist die Eruption beendet. Sie dauerte zwei Monate. Die Lavaströme haben 18 km^2 Fläche bedeckt, ihre Menge wird auf 0,2 km^3 geschätzt.

Petrographisch gesehen ist dieser Ausbruch in vieler Hinsicht interessant. Dic Hlidargígar-Krater warfen große Mengen Gesteine aus dem Untergrund aus. So fand man fluvioglaziale Sedimente, Palagonite, Andesite und Ignimbrite, die über die Beschaffenheit des Sockels der Hekla Auskunft geben. Die Produkte der Initialphase sind mit Gehalten von 55 bis 72% SiO_2 recht heterogen. Dies steht im Widerspruch zu folgender Relation: eine kurze Ruheperiode ergibt eine wenig saure Initialphase. Man erklärt diese Unregelmäßigkeit damit, daß der Assimilationsprozeß von sauren Deckgesteinen des Magmaherdes zwischen dem Ausbruch von 1947 und dem von 1970 nicht genügend Zeit hatte, um ein homogenes Material mit einem bestimmten Prozentsatz an Kieselsäure entstehen zu lassen.

Die Lavaströme des Ausbruchs von 1970 bestehen aus Olivin-Andesiten, die man auch „Alkalibasalte“ nennen könnte, und die auch während der letzten Phase der Eruption von 1947 ausgeworfen wurden.

Ausbruch von 1980

Die Tätigkeit beginnt am 17. August in der Gipfelzone, aber sie dehnt sich schnell über die 7 km der Hekla-Spalte aus. Eine Aschenwolke steigt 15 km hoch. 10 km nördlich des Vulkans wird eine Ascheschicht von 10 cm Dicke abgelagert und in 230 km Entfernung ist sie noch 1 mm dick. Die ersten Lavaströme ergießen sich in der Nähe des Gipfels kurz nach dem Beginn der Eruption, später auch aus den unteren Abschnitten der Spalte. Die gesamte Lava tritt in weniger als 24 Stunden in Form von vier Strömen aus. Sie bedeckt 22 km^2, ihr Volumen wird auf 0,1 km^3 geschätzt. Das Volumen der Aschen beträgt ungefähr 0,07 km^3.

Ein letztes Aufglühen wird am 20. August beobachtet. Die chemische Zusammensetzung der Lava ist ähnlich der der Eruption von 1970. Diese Tätigkeit von 1980 war für die Hekla außergewöhnlich, weil sie nur kurz andauerte und weil seit der letzten Eruption nur 6 Jahre der Ruhe vergangen waren.

Eruption von 1981

Diese Eruption beginnt am Morgen des 9. April. Während der Initialphase, die am nächsten Tag endet, werden Eruptionssäulen von Asche 6–7 km hoch geschleudert. Erst am Nachmittag des 9. April beginnt die Förderung von Lava aus einem neuen Krater am Gipfel. Während der ersten Stunden ist die Förderung am stärksten, sie nimmt dann langsam ab, um am 16. April aufzuhören. Drei Lavaströme ergießen sich, zwei nach Norden, einer nach Süden. Sie bedecken 6 km^2, ihre größte Länge ist 4,5 km. Möglicherweise handelt es sich bei dieser Tätigkeit um eine Fortsetzung der Tätigkeit vom August 1980.

Es ist interessant festzustellen, daß auch in der Umgebung der Hekla Ausbrüche in historischer Zeit stattgefunden haben. So etwa im Jahre 1440 südöstlich des Vulkans und 1554 südwestlich davon; am 2. April 1725 im Südwesten, im Süden und im Osten (ein Beben vernichtete den Bauernhof von Haukadalur); am 27. Februar 1878 bei Krakatindur östlich der Hekla und am 25. April 1913 in der Nähe des vorigen Ausbruchs im nördlichen Teil von Mundafell und in Lambafit. Alle diese Ausbrüche sind Spaltenausbrüche und haben Alkalibasalt gefördert. Es sei darauf hingewiesen, daß es in weiter von der Hekla entfernten Gebieten zahlreiche Ausbrüche gab, unter ihnen die Eruption des Katla in den Jahren 1000 und 1485, die saure Eruption des Hrafntinnuhraun 1170 sowie zwei Lavaströme in dem Gebiet von Landmannalaugar (Laugarhraun und Namshraun).

Landmannalaugar*** (Farbbild 5, S. 139)

90 km nordöstlich von Hella
Ziemlich leicht erreichbar
Geologisch interessant: Hyaloklastite, Rhyolith-, Basalt-, Andesitlavaströme, Maar, Schlackenkegel, Explosionskrater, Obsidian, fumarolische Tätigkeit, Staukuppen.
Mindestdauer: zwei Tage.

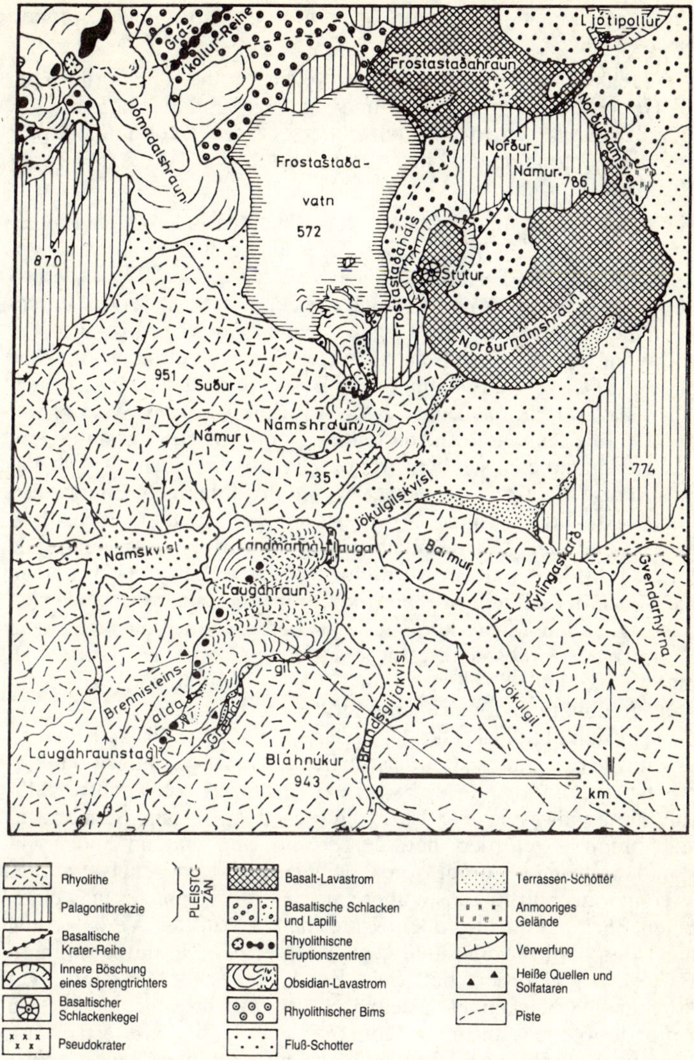

Abb. 12 Geologische Kartenskizze von Landmannalaugar (nach *Saemundsson, K.* [1964], aus *Schwarzbach, M.* [1964]: Geologenfahrten in Island. – 2. Aufl., Ludwigsburg [Karawane], geändert)

Hinweise: Badekleidung mitnehmen zum Baden in einem warmen Fluß!

Von Hella aus nimmt man die Piste, welche westlich und nördlich um die Hekla herum durch Arbaer und Skard und entlang den Lavaströmen der Hekla von 1970 bis hin zu der Lavadecke von Lambàfitjarhraun aus dem Jahre 1913 führt. Hier führt die Piste in ein Gebiet mit Hyaloklastithügeln.

Hier und da sieht man Aschenprofile, die unter anderem die Einheiten H4, H3 und H1 zeigen. Die Piste führt plötzlich in den sauren Vulkanismus von Torfajökull, indem sie den großen Rhyolitherguß von Domadalshraun, nordwestlich des Sees Frostastadavatn, durchschneidet. Dieser Rhyolithstrom entstammt einer Nordost-Südwest-verlaufenden Spalte, und seine Oberfläche ist von Obsidian-Blöcken bedeckt. Der Rhyolith enthält viele Basalteinschlüsse, die ursprünglich viskos waren, da sie im Rhyolith verformt wurden. Man nimmt an, daß eine saure und eine basische Eruption gleichzeitig stattgefunden haben und daß sich ihre Produkte vermischt haben. Der Domadalshraun-Lavastrom ist teilweise von rhyolithischen Bimssteinen überdeckt, die von einem Ausbruch des Torfajökull-Gebietes herrühren und den Frostastadavatn im Nordwesten erreichen. Die Straße führt weiter an der Nordseite des Sees vorbei, von wo aus man nach 2 km in Richtung Norden zum Ljòtipollur, einem 1,5 km langen wassergefüllten Maar, kommt. Es gehört zu einer 50 km langen Kraterreihe nordost-südwestlicher Richtung zwischen Torfajökull und Vatnajökull. Die Eruptionsspalten von Vatnaöldur, Veidivötn und Hraunvötn gehören ebenso zu diesem Komplex. Das Vorhandensein vieler Explosionskrater erklärt man dadurch, daß die Spalten Flüsse wie den Tungnaà durchschneiden, was zu gewaltigen phreatischen Ausbrüchen führte. Es sei darauf hingewiesen, daß die Störungslinie südwestlich von Ljòtipollur einen Basaltstom – den Frostastadahraun – gefördert hat, der 300 m lang und im Süden mit Pseudokratern überstreut ist, die den See von Nordosten begrenzen. Von hier aus führt die Piste über einen Paß, von dem aus man einen guten Blick auf einen großen Krater hat, der auf der Verlängerung der Ljòtipollur-Störungslinie liegt, und der den Nordurnàmshraun-Basaltstrom gefördert hat. Sein Zentrum besteht aus einem gut erhaltenen Schlackenkegel, dem Stùtur. 1 km südwestlich breitet sich der andesitische Nàmshraun-Lavastrom aus, der den Frostastadavatn erreicht. Vom Paß aus erfreut man sich eines schönen Panoramas der farbenfrohen Landschaft von Torfajökull, die größte Thermalzone Islands.

Danach steigt man hinunter zum an hellen Rhyolithkieselsteinen reichen Jökulgilskvisl-Tal und überquert einen Arm des Nàmshraun-

Stromes. In einer grünen Oase steht hier eine Hütte, hinter der der beeindruckende rhyolithische Lavastrom von Laugahraun emporragt. Er ist von Obsidianblöcken bedeckt und läßt noch Fumarolen-Ausdünstungen erkennen. Er ist erst vor ein paar hundert Jahren entstanden. Vor ihm fließt ein kleiner Bach mit heißem Wasser, in dem das Baden sehr angenehm ist. Die heißesten Stellen haben Temperaturen zwischen 50 °C und 72 °C. Um einen Gesamtüberblick über Laugahraun zu bekommen, muß man zum Blahnùkur hinaufsteigen, der aus schönen, gelben, orangen und grünen Rhyolithkuppen besteht, die sich unter pleistozänen Gletschern gebildet haben und deswegen aus Hyaloklastiten bestehen. Laugahraun ist in der Tat aus einer Serie von einzelnen Lavaströmen aufgebaut, die aus einer Störungslinie nordost-südwestlichen Streichens stammen. Nur ihr südwestlicher Teil ist noch sichtbar, überragt von kleinen Kuppen. Weiter im Westen erkennt man das rötliche Rhyolithmassiv von Brennisteinsalda. Zwischen diesem und dem Laugahraun-Strom liegen Solfataren mit einer maximalen Temperatur von 97 °C. Dort gibt es Schwefelablagerungen mit Schlammulden. Man erreicht sie durch das kleine Graenagil-Tal zwischen Laugahraun und Blahnùkur. Fährt man weiter auf der Hauptpiste, so erreicht man schließlich Eldgjà.

Sandar**

180 km lange Route östlich von Hella
Leicht erreichbar
Geologisch interessant: Torf, subglazialer Vulkan, Gletscher, Ignimbrite, Wasserfälle, Ankaramit, Sander, Felsbogen, Fossilfundstätte, Inselberg, Pseudokrater.
Mindestdauer: ein Tag
Hinweise: Vorsicht vor Treibsand und Hochwasser

Gerade unterhalb der Brücke über die Thjórsà in Hella steht am rechten Ufer Torf an, der mittels C^{14} auf 8100 Jahre datiert wurde und der von einem Lavastrom von Thjórsà bedeckt ist.

Von Hella fährt man nach Hvolsvöllur und dann nach Osten in das Gletschertal Markarfljót, Richtung Thòrsmörk, nördlich vom Eyjafjallajökull, einem aktiven subglazialen Vulkan, dessen letzter Ausbruch in den Jahren 1821 bis 1823 stattgefunden hat. 5 km vor Thòrsmörk sieht man rechts der Piste die Gletscherzunge des Gigjökull, an deren Stirn ein See sowie schöne Moränen liegen. Hier und da bemerkt man kleine Aschenkegel von einigen Dezimetern Höhe, deren Ursprung kaum bekannt ist. Dieser kleine Gletscher hat sich in weniger als 30 Jahren um 1 km zurückgezogen.

Es geht weiter nach Thòrsmörk, wo sich über 5 km am Nordrand des Krossà-Flußtales bei Tröllabudir eine wunderbare Decke weißlicher Ignimbrite erstreckt. Die Mächtigkeit der Ablagerungen beträgt 30 m. Sie bestehen aus grauen Aschen und weißen und schwarzen Bimssteinen hauptsächlich rhyolithischer Natur. Die Abfolge ist am Gipfel locker und an der Basis verfestigt. Die Ignimbritdecke wurde in der Mindel-Riß-Zwischeneiszeit abgelagert. Ihr Ursprungsort liegt im Tindfjallajökull, einem Zentralvulkan des oberen Pleistozäns, der reich an sauren Laven ist und von einer Caldera gekrönt wird, die wahrscheinlich bei der Eruption der Ignimbrite einbrach. Dieser Vulkan ist teilweise von Eis bedeckt. Die schöne Ignimbritdecke hat eine Fläche von 80 km^2 und ein Volumen von 2 bis 3 km^3.

Man wendet sich zurück nach Westen und fährt um das Eyjafjallajökull-Massiv herum. Links der Piste erblickt man nacheinander die Krater und Lavaströme Kambagilshraun und Hamragardahraun, und schließlich den Seljalandsfoss-Wasserfall.

Nun begibt man sich in Richtung Holt. 5 km vor diesem Weiler macht die Straße einen Bogen um das Eyjafjallajökull-Massiv. Bei dem Hvammur-Hof liegen kleine Brüche in einem seltenen Intrusivgestein: nämlich Ankaramit mit Olivin und Pyroxen. Nach Holt erreicht man den Skógasandur, eine ausgedehnte Fläche, wo man schlecht die Grenze zwischen Erde und Meer erkennt. Flüsse überschwemmen die weichen Aschen und Treibsand verhindert oft ein Fortkommen abseits der Piste. Das isländische Wort „sandur" (Mehrzahl: sandar, deutsch Sandr oder Sander) gehört zum Wortschatz der Geographen; es handelt sich um Aufschüttungen von Aschen, Schlämmen und Blöcken fluviatilen Ursprungs. Nördlich der Piste liegt der schöne, 60 m hohe Skògafoss; weiter links vom Weg, die Gletscherzunge Solheimajökull, die aus dem Myrdalsjökull stammt und in das Tal hinabfließt. Nach Skeidflótur kann man Dyrhòlaey erreichen, das südlichste Kap Islands, berühmt für seinen Felsbogen, seine Klippen und Felswände. Es handelt sich um einen Vulkan aus Hyaloklastiten und Kissenlaven, aus dem sich ein kleiner Lavastrom nach Osten ergossen hat. Dieser Vulkan war im Pleistozän eine Insel, die später durch sandige Ablagerungen an das Festland gebunden wurde.

Ungefähr auf halber Strecke zwischen Skeidflótur und Vik, im Tal Skammidalur, enthalten palagonitische Tuffe sedimentäre Einschlüsse mit Fossilen von marinen Weichtieren aus dem frühen Quartär. Nach Vik führt die Piste durch den wunderbaren Myrdalssandur, der aus unzähligen Schlammströmen (jökullhlaups) besteht, die ursprünglich vom Katla ausgingen, einem Vulkan, der unter dem

Eis des Myrdalsjökull verborgen ist und dessen Ausbruch am 12. Oktober 1918 berühmt geworden ist. Hier und da in den eintönigen Ebenen bemerkt man Lavablöcke, die von gewaltigen Jökullhlaups mitgeschleppt worden sind. Der Hjörleifshöfdi ist ein schöner Inselberg, der teilweise in den Aschen versunken ist. Im Osten, in Alftaver, ist ein Lavastrom, der wahrscheinlich dem Eldgjà entstammt der mit Pseudokratern überstreut ist. Noch weiter östlich führt der Weg durch den Medallandssandur und überquert den Skaftareldahraun, einen weiten bemoosten Lavastrom des Laki aus dem Jahre 1783. Der Weg geht entlang des Landbrotshraun, der mit Pseudokratern übersät ist, und durchschneidet dann den Skeidararsandur, der seinen Ursprung dem Vatnajökull verdankt. Seit 1973 führt ein Weg durch den Skeidararsandur, der vorher nicht überquerbar war. Auf diesem Weg gelangt man zum Fuß des Öraefajökull und nach Höfn. Von nun an ist es möglich, per Auto eine komplette Rundreise durch Island zu machen.

Lakagígar – Eldgjà***

40 km (Laki) und 60 km (Eldgjà) nordöstlich von Kirkjubaejarklaustur
Schwer erreichbar (Furten, steile Abhänge), die Piste ist nur im Juli und August befahrbar.
Geologisch interessant: alte graue Basalte, palagonitische Rücken, Lavaströme, Kraterreihen, Basalt-Säulen, Pseudokrater, Eruptionsspalte, Wasserfall.
Mindestdauer: zwei Tage
Hinweise: Vorsicht vor überraschendem schlechtem Wetter und Hochwasser.

Um von Kirkjubaejarklaustur nach Laki zu gelangen, muß man eine schlechte Piste Richtung Nordwesten nehmen. Ein Dreiviertel des Weges führt zuerst durch ein großes Massiv von alten grauen Basalten und dann durch einen palagonitischen Höhenzug, gebildet von Galti, Varmárfell und Blaengur. Schließlich führt der Weg entlang des Skaftareldahraun-Lavastromes und erreicht den aus Palagonit bestehenden Laki-Berg, der die riesige Eruptionsspalte des Lakagígar-Ausbruches von 1783 zweiteilt. Diese Spalte hat die größte Lavamenge in historischer Zeit geliefert; sie wurde von dem ehrwürdigen Jon Steingrimsson von Prestbakki beschrieben:

Während der Woche vor dem Ausbruch gibt es zahlreiche Erdbeben in dem Gebiet. Am 8. Juni 1783 um 9 Uhr morgens kommt es zum Höhepunkt. Eine riesige Spalte öffnet sich südwestlich des Laki und speit ungeheure Lavamengen aus, die in das Skafta-Tal hinabströ-

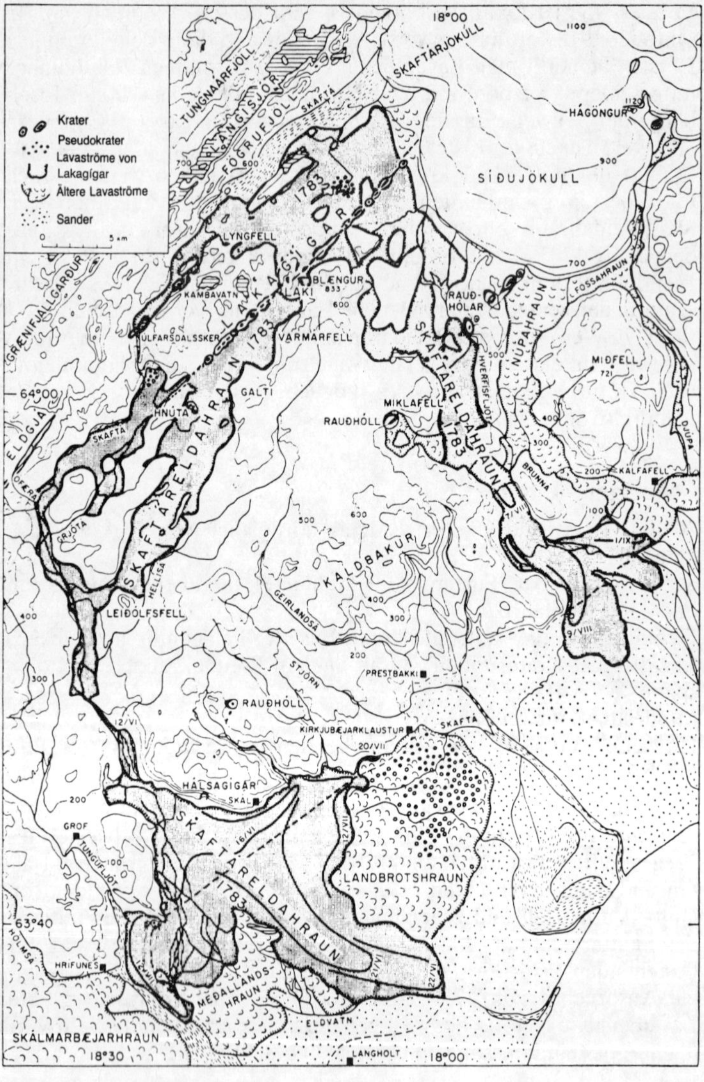

Abb. 13 Topographische Karte der Lavaströme von Lakagígar (nach *Thorarinsson, S.* [1970]. – Bull. vulcanol., 33 [3], Roma)

men und dabei eine Strecke von 60 km zurücklegen. Am 29. Juli öffnet sich eine weitere Spalte nordöstlich des Laki. Sie ergießt Lavaströme, die in das Hverfisfljót-Tal strömen. Von nun an geht die Tätigkeit dieser Nordostspalte zurück, bis im Februar 1784 der Ausbruch endgültig zum Erliegen kommt.

Eine 25 km lange Spalte ist entstanden, die vom Laki in zwei gleiche Teile gegliedert wird. An ihr sind nahezu 115 Krater aufgereiht, die Höhen von ein paar Metern bis zu 100 m erreichen. Die gesamte von Lava bedeckte Fläche beträgt 565 km^2, die gesamte Lavamenge 12,3 km^3. Der Chemismus des Gesteins ist tholeiitisch.

Während der ersten 50 Tage des Ausbruchs hat die südwestliche Spalte 10 km^3 Lava, die 370 km^2 Fläche bedeckt, gefördert. Das entspricht etwa einer Fördermenge von 5000 m^3/s oder der zweifachen Abflußmenge des Rheins an seiner Mündung. Die Lava überdeckte zwei Kirchen, vierzehn Bauernhöfe und beschädigte dreißig weitere Behausungen. Trotzdem sind Aschen und Gase die eigentliche Ursache für die Katastrophe. Die Pyroklastika bedecken zwar 8000 km^2, aber die ausgeworfene Menge ist gering: 0,3 km^3. Man schätzt, daß der Vulkan 20 Millionen Tonnen CO_2 sowie große Mengen an SO_2 exhaliert hat, die zusammen mit den Aschen die Oberflächengewässer und große Weideflächen verseucht haben. Ein vulkanischer Nebel bedeckt das ganze Land und zieht bis nach Europa, Afrika und Asien. Dieser Ausbruch verursacht im Sommer und Herbst 1783 den Tod von 11 000 Rindern (50%), 200 000 Schafen (79%), 28 000 Pferden (76% des Gesamtbestandes). Die Bevölkerung Islands, die im Jahre 1783 48 884 Einwohner zählte, betrug im Jahre 1786 nur noch 38 363 Einwohner, was einer Sterblichkeit von 24% gleichkommt, die sich durch die schreckliche Hungersnot nach der Eruption erklärt. Sogar in Schottland hat man die Eruption des Lakagígar gespürt: das Jahr 1783 wurde dort das „Jahr der Aschen" genannt.

Um nach Eldgjà zu gelangen, muß man einen völlig anderen Weg einschlagen. In Kirkjubaejarklaustur kann man zuerst Kirkjugòlf, „Kirchenpflaster", besichtigen, das aus wunderbaren Basaltsäulen besteht, die senkrecht zu ihrer Achse geschnitten und von den Gletschern abgehobelt wurden.

Südlich dieses Ortes, in Landbrotshólar, befindet sich ein Lavastrom des Eldgjà, der von unzähligen Pseudokratern bedeckt ist.

Weiter Richtung Südwesten durchschneidet die Piste den wunderbaren Skaftareldarhraun-Lavastrom, der im Jahre 1783 vom Lakagígar kam. Er ist von einer dicken Moosschicht bedeckt. Danach geht es in Richtung Norden längs des Westrandes des Skafta-Tales, das von diesem Lavastrom überflutet wurde. So erreicht man die Eldgjà-Eruptionsspalte, die größte Explosionsspalte der Erde. Sie ist in nordost-südwestlicher Richtung mehr als 30 km lang, beginnt unter dem Myrdalsjökull im Süden und endet im Norden jenseits von Uxatindar und dem Skafta-Fluß. Die Tiefe der Spalte erreicht 140 m, die Breite 600 m. Die Wände dieser großartigen linearen Einbruchszone bestehen an der Basis aus Hyaloklastiten, Basalten und Tilliten, am Gipfel aus verschweißten Schlacken, die sich während der Tätigkeit der Lavafontänen des Eldgjà anhäuften. Der Spaltengrund ist von kleinen Lavaströmen bedeckt. Mächtige Ergüsse von Alkalibasalt mit Olivin sind in Richtung Süden geflossen. Ihre Zeugen sind die Lavaströme nördlich von Medallandssandur und von Landbrotshŏlar. Das Alter des Ausbruches ist sehr umstritten. Nach Meinung einiger Wissenschaftler datiert er auf das Jahr 950 n. Chr., andere geben ihm ein Alter von 2000 Jahren. Die meisten Lavaströme des Eldgjà wurden von denen von Lakagìgar überdeckt. Die Eldgjà-Spalte ist am eindruckvollsten nordöstlich der Piste vor Gjàtindur. Von hier aus hat man zudem einen interessanten Überblick auf Lakagígar. Der sehr schöne Wasserfall Ofaerafossar, der von einer natürlichen Basaltbrücke überspannt wird, fällt auf die Nordwest-Wand in diesem Teil der Spalte.

Heimaey**** (Farbbilder 26–32, S. 150–152)

60 km südöstlich von Thorlákshöfn
Leicht erreichbar
Geologisch interessant: Kegel, Lavaströme, Stadt, die bei der Eruption von 1973 verschüttet wurde.
Mindestdauer: ein Tag

Abfahrt vom Hafen Thorlàkshöfn oder auch von Reykjavik. Man fährt längs der Südküste Islands bis nach Vestmannaeyjar im nordöstlichen Teil von Heimaey. Die Westmänner-Inselgruppe, (irländische Sklaven der Wikinger suchten hier Zuflucht), besteht aus zehn Hauptinseln, die der Größe nach aufgeführt sind: Heimaey, Surtsey, Ellidaey, Bjarnarey, Alfsey, Sudurey, Hellisey, Brandur, die Gruppe von Geldungur und Geirfuglasker. Bis auf Heimaklettur, dem nördlichen Teil von Heimaey, sind die Inseln durch postglaziale submarine Ausbrüche entstanden. Alfsey, Hellisey und Geirfuglasker sind unter anderem die Zeugen einer rein explosiven Tätigkeit. Heimaey, Ellidaey und Bjarnarey haben ein weiteres Stadium von marinen Ausbrüchen erreicht, da hier schon die effusive Phase von Bedeutung war. Es sei erwähnt, daß man ungefähr 60 submarine Vulkane bei der Inselgruppe entdeckt hat. Die wichtigsten Eruptionen haben auf

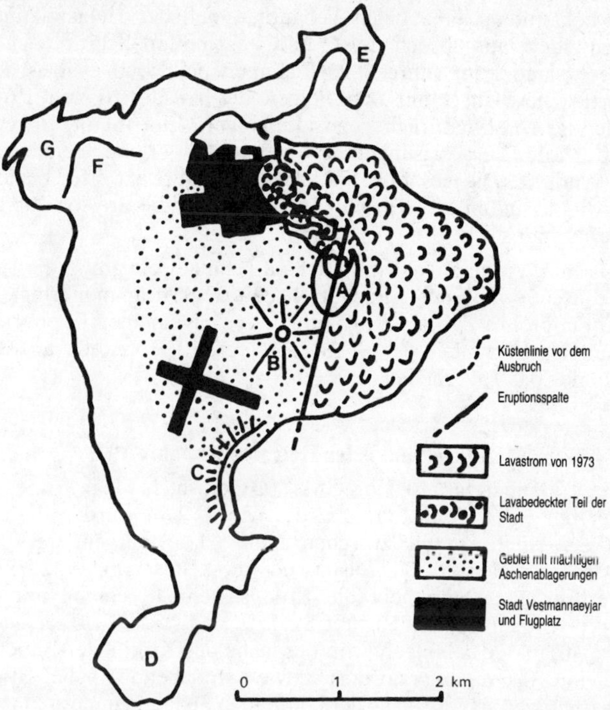

Abb. 14 Vorläufige Vulkanologische Skizze von Heimaey nach dem Ausbruch von 1973

A Eldfell; B Helgafell; C Saefell; D Stòrhöfdi; E Heimaklettur; F Herjolfsdalur; G Dalfjall

Heimaey stattgefunden, das eine Fläche von 16 km^2 besitzt und dessen höchster Punkt mit 283 m Heimaklettur ist. Dieser nördliche Teil ist vielleicht subglazial entstanden, in jedem Fall ist er mehrere zehntausend Jahre alt. Der südliche Teil besteht aus dem berühmten Helgafell-Kegel, dem „heiligen Berg", dem Saefell, dem „Berg aus dem Meer" und dem Lavastrom von Stòrhöfdi. Seit der letzten Eruption von 1973 besitzt der Osten der Insel einen neuen Vulkan: den Eldfell. Auf Heimaey haben Laven und Tuffe volumenmäßig die gleiche Bedeutung. Die Tuffe sind palagonitisch, die Laven sind charakteristische, olivinhaltige Alkalibasalte. C^{14}-Datierungen haben gezeigt, daß sich der Stòrhöfdi-Lavastrom vor mehr als 5400 Jahren ergossen hat, und daß Saefell und Helgafell etwas jünger sind.

Ein bekannter Geologe hat behauptet, daß der Helgafell im 10. Jahrhundert ausgebrochen ist, und bestimmten Schriften zufolge sollen Isländer im Jahre 1896 Flammen bei Heimaey beobachtet haben. Diese Insel mit den Folgen des Ausbruchs von 1973 zu besichtigen, ist natürlich sehr interessant. Eine Stadt, zu einem Drittel unter Lava versunken, ist ein ergreifender und beeindruckender Anblick. Die gesamte Insel Heimaey wäre zu erforschen; die Felswände sind hier von großer Schönheit und die Erosion durch das Meer ist hier stark.

Jedes Jahr, Anfang August, findet auf Heimaey ein großes Fest statt, das tausende von Leuten im Herjolfsdalur-Tal zusammenbringt. Man baut ein großes Zeltlager auf, und in der allgemeinen Euphorie der ersten Nacht zündet der „Feuergott" große Holzstöße an, deren Flammen das Tal erhellen.

Ausbruch auf der Ostflanke des Helgafell im Jahre 1973

Am 21. Januar um 20 Uhr GMT (Greenwhich Mean Time) bebt unter der Insel Heimaey die Erde. Um 22 Uhr werden die Stöße stärker. Am 22. Januar zwischen 1 und 3 Uhr morgens werden ca. 200 Beben registriert. Die seismische Tätigkeit ist dann bis 23.30 Uhr unterbrochen. Dann bebt die Erde siebenmal, einmal mit einer Stärke von 2,7 auf der Richter-Skala. Um 1.55 Uhr öffnet sich auf der Ostflanke des Helgafell, in der Nähe des Kirkjubaer-Bauernhofes, eine 1800 m lange nordost-südwest streichende Spalte. Etwa 20 Lavafontänen schießen aus der klaffenden Spalte in mehrere hundert Meter Höhe empor. Der Ostwind trägt Aschen, Schlacken und vulkanische Bomben bis hin zur Stadt von Vestmannaeyjar, die 5300 Einwohner zählt, was 2,5% der Gesamtbevölkerung Islands entspricht. In sieben Stunden werden bis auf 150 Personen (Polizei und Stadtbehörde), die auf der Insel bleiben, alle Menschen evakuiert. Kranke und alte Personen werden mit Maschinen der Iceland-Air und der US Naval Station von Keflavik ausgeflogen; die anderen sind auf den 77 Fischerbooten der Westmänner Inseln zusammengepfercht, die wegen des schlechten Wetters während der letzten Tage im Hafen Zuflucht suchten. Glücklicherweise ist am 23. Januar morgens das Wetter schön.

Am 24. Januar sind auf einer Strecke von 300 m im nordöstlichen Teil der Spalte nur noch drei Lavafontänen sehr aktiv. Die Dampfwolke steigt in 500 m Höhe und glühende vulkanische Bomben fallen auf den Kirjubaer-Bauernhof, der ausbrennt. Aus der Spalte fließen Lavaströme in Richtung Osten in das Meer, das sich auf 50 °C erhitzt. Am 25. Januar erreicht die Asche- und Dampfwolke 9 km Höhe. Die

Wetterbedingungen verschlechtern sich und ein heftiger Ostwind bedeckt die Stadt mit einer 10 cm dicken Staubschicht. Den Einwohnern war es einen Tag vorher gestattet worden, auf die Insel zurückzukehren, um aus ihren Häusern zu retten, was noch zu retten war, aber in Anbetracht dieses Aschenfalls wurde diese Erlaubnis nur denjenigen erteilt, deren Häuser am meisten gefährdet waren. In der folgenden Nacht brennen neun Häuser im Ostteil der Stadt. Am 26. Januar wird der Aschenfall stärker und erreicht in der Nähe des Vulkans 1 m Höhe. Fensterscheiben werden durch vulkanische Bomben zerschmettert, und zehn weitere Häuser brennen. Die Spalte ist jetzt 3 km lang und ein Kegel von ca. hundert Meter Höhe hat sich im nordöstlichen Teil errichtet. Die Fontänen sind 150 m hoch und die Lava fließt jetzt nach Norden und ist schon 500 m weit in das Meer vorgedrungen. Der Westwind schleppt die Aschen in das Meer und Jeder hofft, daß dies so bleiben wird; am folgenden Morgen fallen die Aschen jedoch bereits wieder auf die Stadt. Der Vulkan hat schon 15 Mio m^3 Lava mit einer durchschnittlichen Fördermenge von 100 m^3/s gefördert. Die Bomben fallen in das Stadtzentrum und man schätzt, daß am 28. Januar 62 Häuser zerstört sind – die meisten unter den Aschen zerdrückt, ca. 20 verbrannt. Am 30. Januar legen freiwillige Helfer einige total unter der Asche verschüttete Häuser frei. Der neu entstandene Vulkan ist schon 185 m hoch und die Insel ist durch die Lavaergüsse um 1 km^2 größer geworden. Man schätzt die Menge an Asche, die gefallen ist, auf 2 Mio m^3. 15 Tage später hat die Lava eine Fläche von 3 km^2 bedeckt und ihr Volumen beträgt 110 Mio m^3. Die Lavaströme drohen, die Hafeneinfahrt zu schließen und zerstören die Trinkwasserleitung, die vom Festland kommt. Am 19. Februar stürzt die Westwand des Kraters in Richtung zur Stadt ein und begräbt einige Häuser. Allmählich wird die Eruption schwächer, die Lavafontänen nehmen ab und die Fließgeschwindigkeit der Lavaströme verringert sich. Die Einfahrt des Hafens ist allerdings nur noch 30 m breit! Der Zutritt zu den Kellern der Häuser sowie zu den niedriger gelegenen Teilen der Stadt ist sehr gefährlich, weil sich dort Kohlendioxid, Kohlenmonoxid und Schwefelwasserstoff angesammelt haben. Man hat Werte bis zu 60% Kohlendioxid, 0,1% Kohlenmonoxid und 90 ppm Schwefelwasserstoff gemessen. Ein Mann ist an diesen giftigen Gasen erstickt.

Der neue Vulkan Eldfell, „Feuerberg" genannt, hatte dennoch nicht sein letztes Wort gesprochen; langsam, aber unerbittlich fließt die Lava nun nach Westen und Nordwesten in die Stadt. Allein in der Nacht vom 22. zum 23. März begräbt die Lavafront 60 Häuser unter sich, obwohl die Fördermenge mit 10 m^3/s gering ist. Die Hauptstromleitung vom Festland wird unterbrochen. In der Nähe des

Lavaergusses steht ein ganz neues, gut eingerichtetes Krankenhaus, das Anfang Februar für die Patienten geöffnet werden sollte! Ende März erreicht der Lavastrom die Hafeneinrichtungen und zerstört zwei der fünf größten und bestausgestattetsten Kühlhäuser Islands. Ein drittes wird von dem geschmolzenen Gestein zerdrückt, seine Maschinen können aber rechtzeitig in Sicherheit gebracht werden. Die Lage wird dramatisch, als dieser Lavastrom die ganze Hafenbucht zu füllen droht und somit die gesamte Wirtschaft von Heimaey, die ganz auf dem Fischfang basiert, lahmlegen würde. Zum Glück verringert sich die Fördermenge des geschmolzenen Gesteins auf 5 m^3/s und die Lavastirn, die höher als 10 m ist, erstarrt allmählich. 300 Häuser sind unter der Lava verschwunden, 80 weitere unter Asche begraben oder verbrannt. Ein Drittel der Stadtbauten ist nur noch der verschüttete Ruinenhaufen eines nordischen Pompejis. Einige Wochen später wird die explosive Tätigkeit des Vulkans unterbrochen und die Aktivitäten hören dann ganz auf.

Der Ausbruch dauerte länger als fünf Monate; der Helgafell hat nun einen Nachbarn, den Eldfell, der von 5 km^2 Lava umgeben ist. Petrographisch gesehen war die Tätigkeit durch olivinreiche Alkalibasaltergüsse charakterisiert. Während der ersten Stunden des Ausbruchs konnte man eine kleine magmatische Evolution nachweisen.

Die menschlichen Aspekte dieser schrecklichen Eruptionen waren von besonderer Bedeutung, da der Vulkan sehr nahe der Stadt Vestmannaeyjar liegt, einem der größten Fischereihäfen Islands, über den 13% der Fischexporte des Landes abgewickelt werden. Der Ausbruch begann gleichzeitig mit der Fischereisaison, die von Januar bis Mai dauert. Deswegen wurde die Entstehung des Vulkans, offiziel Eldfell, „Feuerberg", genannt, eine nationale Katastrophe. Der außerordentliche Mut dieses kleinen Volkes hat jedoch gezeigt, daß man mit kühlem Kopf und Methode die Schäden einer Vulkaneruption einschränken kann.

Hier einige Beispiele:

Kurz nach der Evakuierung der Inselbewohner, die ohne Panik abläuft, beginnt schon die des Viehs und der 800 Autos; es bleiben nur die Geländewagen auf Heimaey zurück. Der in Hafeneinrichtungen gelagerte Tiefkühlfisch im Wert von umgerechnet ca. 4,5 Mio. DM wird Tag und Nacht auf Schiffe nach Reykjavik verfrachtet. Die wichtigen Dokumente der Stadt sowie das Geld in den Banken werden angesichts der bevorstehenden Eruption abtransportiert. Es wird zunächst vorgeschlagen, die Ostwand des neuen Kraters zu bombardieren, damit alle Lavaströme in das Meer fließen. Dieses Vorhaben wird dann aber wegen der Gefahr einer Beschädigung der

Westwand aufgegeben. Ein anderer Vorschlag besteht in der Errichtung von Aschendämmen vor der Lavafront. Die Erfahrung zeigt jedoch, daß die Lava diese Hindernisse schnell überwindet. In den ersten Tagen des Ausbruches besteht die einzige Vorsichtsmaßnahme darin, daß man Aluminium-Platten vor die Fenster nagelt, damit die Asche nicht in die Häuser dringt. Am 29. Januar gründet der Althing, das isländische Parlament, einen Ausschuß von sieben Mitgliedern, die die Hilfsmaßnahmen von Heimaey leiten sollen. Ein Darlehen von umgerechnet 12 Mio. DM wird von der Zentralbank Islands für den Sofortbedarf bewilligt, unter anderem für die Flüchtlinge, die sich zum großen Teil in Reykjavik aufhalten.

Im Februar fließt der Lavastrom langsam gegen die Stadt und die freiwilligen Helfer beschließen, Meerwasser auf die Lavafront zu spritzen, um so ihre Erstarrung zu beschleunigen. Zwanzig Tonnen pro Stunde werden auf das geschmolzene Gestein geschleudert und dies scheint die Lava aufzuhalten. In Anbetracht dieses Erfolges beschließen die Behörden, das Schiff Sandey zu senden, das ab Anfang März 12 000 t/h Meerwasser auf den Lavastrom, der den Hafen zu schließen droht, spritzt. Die Einwohner von Heimaey wollen nicht glauben, daß die Insel verloren ist und sie setzen eine Fischfabrik in der Weststadt erneut instand. Freiwillige legen Häuser von der Asche frei, um sie vor dem Einstürzen zu bewahren. Viel früher, am 7. Februar, beschließt das isländische Parlament die Gewerbesteuern um 2%, die Besitzsteuern um 30% und die Gemeindeabgaben auf 10% im ganzen Land zu erhöhen, um das zunehmende, durch die Eruption verursachte Defizit auszugleichen.

Die Regierung selbst stellt umgerechnet ca. 7 Mio. DM zur Verfügung, aber man schätzt, daß mindestens 45 Mio. nötig sein werden. Viele Länder bieten Island ihre Hilfe an, und es werden Sammelaktionen in der ganzen Welt organisiert. Während dieser Zeit ergießt sich die Lava über die Stadt und droht, die Hafenbucht zuzuschütten. Angesichts dieser Gefahr appelliert Island an die Vereinigten Staaten und erhält sofort eine große Anzahl Hochleistungspumpen, die per Flugzeug gebracht werden und sofort bei den Molen eingesetzt werden. Sie erlauben es, 4500 t/h Meerwasser auf die Lavafront zu spritzen. Das senkt die Lavatemperatur auf 200 °C und läßt sie erstarren. 20 000 m^3 geschmolzenes Gestein wird so pro Stunde abgekühlt. Sobald die Lavaströme abgekühlt sind, werden sie von Bulldozern nivelliert, während Lastwagen Tonnen von Aschen aufschütten, um natürliche Dämme zu bilden, die von Straßenwalzen verfestigt werden. Das Unternehmen wird ein Erfolg, weil hinter der erstarrten Lavawand die Gesteinsschmelze gestoppt oder umgeleitet wird. Dieses eine Mal hat vielleicht der Mensch gesiegt, indem er einen kleinen Teil der Zerstörungskraft eines Vulkans beherrschen konnte.

Die Bilanz wiegt schwer: Schäden in Höhe von ca. 80 000 Mio. DM. Im Juli kehren 13 Familien auf die Insel zurück. Ein Fischverarbeitungsbetrieb wird wieder in Gang gesetzt. Die Stadt wird zum größten Teil von den Aschen befreit, die mit Zement vermischt zur Errichtung vieler neuer Häuser dienen. Heute ist fast die gesamte Bevölkerung auf Heimaey zurückgekehrt.

Surtsey** (Farbbild 11; S. 142)

18 km südwestlich der Westmänner Inseln
Ziemlich schwer erreichbar: man benötigt eine Erlaubnis des Naturkundlichen Museums von Reykjavik
Geologisch interessant: im Jahre 1963 im Meer geborener Vulkan
Mindestdauer: ein Tag
Hinweise: die Erlaubnis zum Betreten der Insel ist schwer zu erhalten, ein Überfliegen mit einem kleinen Flugzeug ist schon sehr aufschlußreich.

Mit kleinen Fischerbooten kann man sich von Heimaey aus, der größten Westmänner Insel, nach Surtsey, dem am 14. November 1963 aus dem Meer aufgetauchten Vulkan, bringen lassen.

Submarine Ausbrüche sind in Island, besonders in der Nähe des mittelatlantischen Rückens, nicht selten. Seit dem Jahre 1200 hat man mehr als zwanzig verzeichnet.

Am 14. November 1963, um 6.30 Uhr morgens, kreuzt das Fischerboot Isleifur II auf hoher See in der Nähe der Westmänner Inseln. Um 7 Uhr 30 bemerkt der Schiffskoch einen Schwefelgeruch und sieht am Horizont eine Rauchfahne. Der Kapitän glaubt zunächst an einen Schiffsbrand, vernimmt aber keinen Notruf. In Wirklichkeit handelt es sich um einen Vulkanausbruch! Bald erreicht die Aschenwolke 60 m Höhe. Die vulkanische Tätigkeit nimmt rasch zu und um 15 Uhr öffnet sich eine 500 m lange Spalte; die Aschenfahne erreicht inzwischen 600 m Höhe. In der folgenden Nacht wird die neue Insel Surtsey geboren.

Die Vorzeichen der Eruption waren praktisch unbedeutend. Die Einwohner von Vik, im Süden Islands, bemerkten in den drei Tagen vor dem Ausbruch einen Schwefelgeruch. Es wurden keinerlei Beben vor der Entstehung von Surtsey registriert. Das Meerwasser zeigte jedoch in der Umgebung der zukünftigen Insel einen ungewöhnlich hohen Gehalt an gelösten Silikaten und Phosphaten. Am Morgen des zweiten Tages nach dem Ausbruch hat die Insel 10 m

Höhe erreicht, und sie wächst in den folgenden Tagen zusehends. Die Aschensäule erreicht mit etwa 8 km Höhe die Troposphäre. Von Reykjavik aus kann man die Spitze der Rauchsäule sehen. Am 16. November ist der Vulkan 45 m hoch und 600 m breit. Die Insel erscheint wie ein langer Rücken, der von einem Ende zum anderen durch eine Spalte zerschnitten ist. Ausbrüche finden an drei oder vier Stellen, gewöhnlich an den Enden der Spalte, statt. Am 23. November erreicht die Insel 100 m Höhe, am 30. Dezember 140 m.

Während der ersten Monate des Ausbruches zeigt der Vulkan zwei deutlich verschiedene Tätigkeitsformen, die hauptsächlich von den äußeren Gegebenheiten abhängen. Je nachdem, ob das Meer in den Krater dringt oder nicht, ist die Tätigkeit durch riesige Wasserdampffahnen und Pyroklastika in Form von „Tephrazypressen" oder durch Explosionen mit Aschen-, Lava- und Lapilliauswürfen charakterisiert.

Die erste Ruhepause dieser Vulkantätigkeit tritt am 20. November ein und dauert fünf Minuten. Am 16. Dezember dauert sie 17 Stunden. Am 6. Dezember legt das erste Schiff an der Insel an. Erst am 16. Dezember gelangen zwei Geologen auf die Insel, um Proben von Laven, Xenolithen und Aschen zu sammeln. Die Untersuchungen ergeben eine basaltische Lava mit Olivineinsprenglingen.

Am Samstag, dem 28. Dezember, verkündet eine Kurznachricht der Vestmann-Inseln aufgewühltes Wasser nordöstlich von Surtsey. Am anderen Morgen wird eine Rauchfahne zwischen Surtsey und Geirfuglasker gemeldet. Es handelt sich um eine weitere submarine Eruption. In der Annahme, daß eine neue Insel entstehen würde, geben ihr die isländischen Vulkanologen den Namen Surtla, aber dieser kleine Vulkan wird die Meeresoberfläche nicht erreichen. Am 6. Januar 1964 hört seine Tätigkeit auf. Spätere Messungen zeigen, daß der Vulkan 20 m unter dem Meeresspiegel liegt. Ende des Jahres 1963 nimmt die Tätigkeit des Surtur, des Kraters von Surtsey, ab. Am 7. Januar wird ein Beben auf den Westmänner Inseln registriert, und sofort verstärkt sich die vulkanische Tätigkeit bis Ende Januar. Am 16. Januar ist Surtsey 180 m hoch; die Vulkanbasis liegt 300 m unter dem Meeresspiegel. Die Länge der Insel beträgt ungefähr 1500 m. Ende Januar hört hier jegliche Tätigkeit auf.

Am 1. Februar, um 11 Uhr morgens, werden auf den Westmänner Inseln Beben bemerkt. Forscher, die an Bord der HMS Malcolm magnetische Messungen der Umgebung von Surtsey durchführen, entdecken eine rote Zone im nordwestlichen Teil von Surtsey. Um Mitternacht werden in diesem Gebiet glühende Lavablöcke bis 45 m hoch emporgeschleudert. Ein neuer Krater, der „Surtur Junior", hat sich gebildet. Dieser Krater ist Sitz zahlreicher Lavaergüsse des Hawaii-Typs. Eine mit Surtur vollkommen identische Entwicklung folgt. Das Meer versucht, den neuen Krater zu zerstören, aber die aufbauenden Kräfte sind stärker als die vernichtenden. Am 19. Februar landet eine wissenschaftliche Expedition mit dem Schiff Haraldur auf Surtsey. Nach einigen Stunden muß sie die Insel jedoch wegen der Gefährlichkeit wieder verlassen.

Am 4. April beginnt auf Surtur plötzlich eine effusive Tätigkeit. Es bildet sich ein Lavasee von 120 m Durchmesser. Lavaströme ergießen sich. Der Lavaausbruch dauert bis zum 29. April an. Die Viskosität der Lava erreicht 10^2 bis 10^3 Pas. Die chemische Zusammensetzung gleicht den Aschen von Surtsey. Am 29. April fließt die Lava durch unterirdische Kanäle ab. Trotzdem verschwindet der Lavasee nicht, wenn er auch kleiner geworden ist. Am 9. Juli beginnt der Lavaausbruch in verstärktem Maße. Eine Kuppe bildet sich und wächst allmählich. Ende Mai endet jegliche effusive Tätigkeit. Die Insel ist nun über 1,5 km^2 groß, ein Viertel davon ist mit Lava bedeckt, deren gesamte Fördermenge zu diesem Zeitpunkt 270 Millionen m^3 beträgt. Am 17. Mai ist Surtsey ein letztes Mal aktiv, danach beginnt jedoch eine andauernde fumarolische Tätigkeit. Am Ende des Ausbruchs hat Surtsey eine Gesamtfläche, die der zweifachen Größe des Fürstentums Monaco entspricht.

Während der gesamten effusiven Phase konnte das Vordringen der Lava in das Meer beobachtet werden. Bei der Lava kann man Hyaloklastite und Kissenlaven unterscheiden, zudem kam es zu phreatischen Pseudo-Eruptionen. Im Herbst 1965 wird eine Unterkunft für die Forscher gebaut.

Am 23. Mai 1965, um 21 Uhr, bemerkt ein Flugzeug einen graubraunen Fleck im Meer. Um 7 Uhr des anderen Morgens kocht das Meerwasser zwischen Surtsey und Geirfuglasker. In Reykjavik werden Beben registriert. Um 14.33 Uhr zittern die Fenster der Häuser auf den Westmänner Inseln – eine heftige Explosion hat stattgefunden und ein neuer Vulkan, der Syrtlingur, ist geboren. Am 24. Mai erkennt man 300 m nordöstlich von Surtsey unter Wasser einen Krater. Von Zeit zu Zeit bilden sich Aschen- und Dampfsäulen. Die Tätigkeit des neuen Vulkans nimmt allmählich zu. Am 5. Juni taucht eine Insel auf, die am anderen Morgen 10 m hoch ist und einen Durchmesser von 35 m hat. Der Ausbruch hat zunächst genau die gleiche Entwicklung wie der von Surtsey, aber am 12. Juni versinkt die Insel wieder. Am 14. Juni kommt sie wieder zum Vorschein und ist am 28. Juni 45 m hoch, bei einem Durchmesser von 300 m. Die Eruption setzt sich während des Sommers und Herbstes 1965 fort.

Lavasäulen schießen abwechselnd mit riesigen Aschen- und Dampfwolken empor. Die Insel erreicht am 15. September mit einer Höhe von 65 m und einem Durchmesser von 600 m ihren größten Umfang. Am 17. Oktober wird Syrtlingur zum letztenmal gesehen.

Surtla und Syrtlingur sind Begleiterscheinungen des Ausbruchs von Surtsey, alle liegen auf ein- und derselben Spalte. Das Gebiet von Surtsey bleibt ruhig bis zum 26. Dezember, als eine neue Vulkaneruption 500 m südwestlich von Surtsey beginnt. Am 28. Dezember entsteht die neue Insel Jolnir. Am 3. Januar 1966 ist sie 90 m lang, 45 m breit und einige Meter hoch. Am 5. Januar verschwindet sie, erscheint am 15. Januar von neuem und verschwindet vom 27. Januar bis zum 7. Februar. Am 12. Februar stürzt sie ein und taucht am 28. wieder auf. Danach liegt sie vom 3. bis 18. März erneut unter Wasser. Am 7. April taucht sie wieder ab, erscheint zum letzten Mal eine Woche später, um am 20. September für immer zu versinken. Syrtlingur besaß im Gegensatz zu Jolnir einen Aschenkegel, Jolnir war praktisch niveaugleich mit dem Meeresspiegel. Die gesamte Ausbruchstätigkeit von Surtsey ist durch eine Spalte charakterisiert, die auf 4,5 km Länge in nordost-südwestlicher Richtung gestaffelt ist. Surtsey, Syrtlingur und Jolnir liegen auf dieser Spalte. Am 19. August 1966 um 7 Uhr beginnt die Tätigkeit zum letzten Mal. Ein Riß tut sich im Krater von Surtur auf und es bilden sich drei Hornitos, aus denen Lava strömt. Am 20. August um 18.40 Uhr erreicht die Lava das Meer. Die Tätigkeit von Surtsey endet drei Monate später.

Der Ausbruch von Surtsey gab Anlaß zu vielen biologischen, geologischen, geochemischen, geophysikalischen und ozeanographischen Forschungen.

Die Biologen haben nachgewiesen, daß als erste Pflanze *Cakile edentula* am 3. Juni 1965 auf Surtsey erschien. Sie wurde entweder vom Wind oder durch Vögel auf die Insel gebracht. Später bildete sich ein See, in dem sich rasch eine Fauna und Flora entwickelte.

Die Geologen haben die gesamte vulkanische Tätigkeit des Gebietes genau studiert. Sie unterscheiden vier Phasen der geomorphologischen Evolution von Surtsey. In der ersten Phase fließt die Lava aus einer Spalte auf dem Ozeanboden und bildet einen Tafelberg aus Kissenlaven und Hyaloklastiten. Der Druck der Wassersäule verhindert jegliche explosive Tätigkeit. Dann vergrößert sich der submarine Vulkan, und als sich sein Gipfel einige Meter unter dem Meeresspiegel befindet, beginnt eine explosive Phase, der die Zeit der Aschen- und Dampfwolkenbildung entspricht. Die Oberflächenphase entfaltet sich und ein Kegel baut sich auf, so daß das Meerwasser nicht mehr in den Krater dringen kann. Dies ist die effusive Tätigkeit mit der Bildung eines Schildvulkans.

Schließlich ergießen sich die Lavaströme in das Meer und es entstehen Kissenlaven und Hyaloklastite. Die geomorphologische Entwicklung von Surtsey ist in jeder Hinsicht vergleichbar mit der eines subglazialen Vulkans, der zunächst unter dem Eis liegt, dieses durchbricht und dann zur Oberfläche vordringt.

Die Vulkanite, die sich während der Surtsey-Eruption ergossen haben, sind alkalireiche Basalte mit Olivin und stellen eines der basischsten Gesteine von Island dar. In den vulkanischen Bomben hat man Gabbro-Xenolithe und vor allem Granite gefunden, die die Existenz einer granitischen Kruste unter Island zu beweisen scheinen.

Die Geophysiker haben sich für die Erdbeben, den Magnetismus, die Geodäsie und die Temperatur des Vulkans interessiert. Es gab kein größeres Beben. Einstürze wie Hebungen der Insel wurden registriert. Infrarot-Temperaturmessungen im Gelände wie auch vom Satelliten Nimbus II aus, haben mehrere heiße Stellen aufgespürt. Elektrische Entladungsversuche der Dampfwolke, die sich aus dem Krater erhob, ergaben, daß diese stark negativ geladen war. Man hat die beim Surtseyausbruch freigewordene Energie berechnet; sie entspricht der von 250 Hiroshima-Bomben.

Die Geochemiker haben die vulkanischen Gase analysiert, die Ozeanographen haben mittels Echolot eine untermeerische Karte des Vulkans angefertigt.

All diese Forschungen sind von großem Interesse und Surtsey war eine Hochburg der Vulkanologie.

Snaefellsnes – Fjorde des Nordwestens**

1200 km lange Route nördlich von Reykjavik
Leicht erreichbar
Geologisch interesssant: junge graue Basalte, Olivinbasalte, Zeolithe, Fjorde, Hyaloklastite, Retikulit-Gänge, Obsidian, Basaltplateau, Granophyr, marine Fossilien, Lavaströme, alte graue Basalte, Palagonit, Stratovulkan, Krater, Blattabdrücke, Zentralvulkan, Lagergang, Gabbro, grasbewachsene Hügel, Ganggestein, Rhyolithkuppe.
Mindestdauer: vier Tage
Hinweis: Vorsicht bei schmalen Pisten und engen Kurven.

Von Reykjavik nimmt man die Straße nach Norden, die westlich an Esja vorbeiführt. In Saurbaer sind im Gebirge die jungen grauen

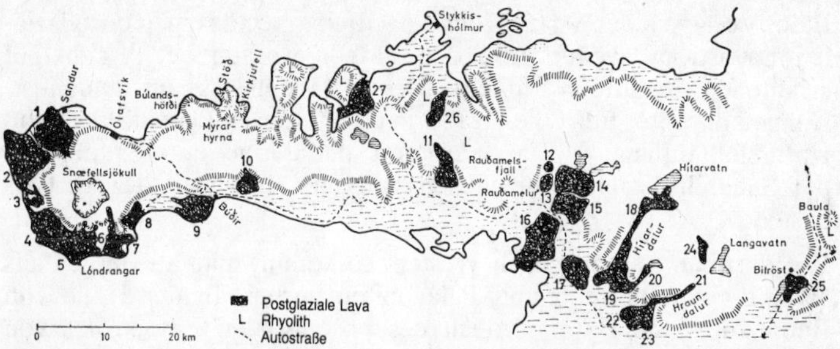

Abb. 15 Vulkanologische Skizze der Halbinsel Snaefellsnes

1 Prestahraun; 2 Neshraun; 3 Kothraun; 4 Beruvikurhraun; 5 Drangahraun; 6 Háahraun; 7 namenlos; 8 Klifahraun; 9 Budarhraun; 10 Blafeldarhraun; 11 Hörgsholtshraun; 12 namenlos; 13 namenlos; 14 Gullborgarhraun; 15 Raudalsahraun; 16 Eldborgarhraun; 17 Barnaborgarhraun; 18 Holmshraun; 19 Stadarhraun; 20 Mulaselshraun; 21 Hraundalshraun; 22 Melshraun; 23 Alftarhraun; 24 Kvigindisdalshraun; 25 Gràbrókarhraun; 26 Selgsarhraun; 27 Berserkjahraun

(nach *Schutzbach, W.* [1967]: Island, Feuerinsel am Polarkreis. – Bonn [Dümmler])

Basalte von zahlreichen Gängen durchzogen. 8 km nordöstlich dieses Ortes, gerade vor der kleinen Halbinsel Hvaleyri, stehen 30 m hohe Felswände aus Olivinbasalt an, die reich an Zeolithen (Stilbit, Heulandit, Analcim, Thomsonit, Chabasit) und an Chalcedon sind. Die Piste umgeht dann den Hvalfjördur und kommt bei Midsandur zur letzten Walverarbeitungsstation in Island. Genau östlich dieser Stelle liegt ein Steinbruch in den rhyolithischen Hyaloklastiten, die in der Fabrik von Akranes zur Zementherstellung benutzt werden. Im kleinen Midsandsàtal, in der Nähe der Wal-Station, durchziehen schöne Retikulit- und Obsidiangänge die Hyaloklastite.

Man verläßt Hvalfjördur und fährt westlich am Skarsheidi-Massiv vorbei, das aus tertiären Plateaubasalten besteht, die von Rhyolithen durchschlagen wurden. Am Hafnarfjall, oberhalb der Gerölle, wurde ein kleines Granophyrmassiv, eine Art Mikrogranit, von der Erosion freigelegt. Nach Borgarfjördur wird die Landschaft flach. Man kommt in die Myrar-Ebene, die sich während der letzten Eiszeit noch unter dem Meer befand. In der Nähe des Wasserkraftwerks am Ausgang des Skorradalur-Tals, hat man in 148 m Höhe marine Weichtierfossilien entdeckt, die auf 12 000 Jahre datiert wurden. Das deutet darauf hin, daß dieses Gebiet sich seither erheblich gehoben hat. Vor Borgarnes fährt man in Richtung Snaefellsnes-Halbinsel.

Beim Verlassen der Myrar-Ebene streift man rechts einen postglazialen Lavastrom, weiter links den Eldborgarhraun mit seinem gut erhaltenen Kegel, den Eldborg, der um das Jahr 900 entstanden ist. Einige km weiter führt die Straße an dem tertiären Plateaubasalt von Hafursfell entlang, der daran erinnert, daß der gesamte Untergrund der Snaefellsnes-Halbinsel aus basaltischen Ergüssen des Tertiärs besteht.

Wendet man sich nun nach Westen, so kommt man an Bergen aus alten grauen Basalten und Palagoniten vorbei. In der Höhe von Bùdir führt die Piste nördlich des postglazialen Lavastroms von Bùdarhraun entlang. Danach lohnt Stapafell einen kleinen Aufenthalt, wo das Meer einen Lavastrom des Snaefellsjökull, der mit seinen 1446 m die ganze Spitze der Halbinsel überragt, in seltsamen Formen abgetragen hat. Der Snaefellsjökull ist ein typischer, mit Eis bedeckter, Stratovulkan, der vor 2000 Jahren zum letzten Mal ausgebrochen ist. Die Straße umgeht ihn von der Westseite; nördlich von ihr befinden sich auf der linken Seite etwa zehn Krater auf den postglazialen Lavaströmen von Neshraun. Danach fährt man durch Ólafsvík nach Bùlandshöfdi, wo die Klippen aus tertiären Basalten bestehen. Sie sind von molluskenreichen Tonen und Agglomeraten bedeckt, deren Hangendes von einem Basaltstrom begrenzt wird. 7 km weiter östlich befindet sich eine weitere fossilführende Stelle, nämlich Brimlar in den Felswänden der Halbinsel Stöd. Die geologische Abfolge ist die gleiche wie bei der ersten Lokalität, aber neben Mollusken enthält die sedimentäre Abfolge im oberen Teil schöne Abdrücke von Kiefer-, Weiden-, Erlenblättern u. a. Diese Vegetation wird in die Günz-Mindel-Zwischeneiszeit datiert. Nach dem Grundarfjördur quert die Piste den südlichen Teil der Setberg-Halbinsel, die in einen Zentralvulkan des Tertiärs und Pleistozäns geschnitten und reich an rhyolithischen Tuffen und kegelförmigen Lagergängen von Basalt und Rhyolith ist.

Auf der nächsten Halbinsel durchschneidet die Piste im Nordwesten ein Gabbromassiv, dessen große Aufschlüsse in Island außergewöhnlich sind. Danach fährt man um den Hvammsfjördur herum und an der Stadt Bùdardalur vorbei in Richtung Norden zu den nordwestlichen Fjorden, die in tertiäre Plateaubasalte eingeschnitten sind.

Ein kurzer Blick auf eine Karte genügt, um zu sehen, daß diese oft engen Fjorde den tektonischen Linien folgen und gewöhnlich eine Nord-Süd- oder Nordwest-Südost-Richtung aufweisen. Das Einfallen der Basaltergüsse zum Zentralgraben hin ist viel schlechter sichtbar als in den Ostfjorden.

Man fährt vorbei an Króksfjardarnes, entlang dem Kollafjördur und

Skalmarfjördur – hübsche Fjorde – wo schön geformte, mit Gras bewachsene Hügel zu sehen sind.

Man erreicht den Brjànslaikur-Bauernhof auf der Westküste des Vatnsfjördur. Nicht weit davon entfernt liegt einer der schönsten Pflanzenfossil-Fundpunkte Europas. Um dorthin zu gelangen, nimmt man den kleinen Weg, der den Hof in Richtung Nordwesten verläßt und in einer dreiviertel Stunde zum Surtarbrandsgil-Tal führt. Dort findet man auf dem linken Hang, unter einer tertiären Basaltdecke und zwischen zwei Lignitschichten, ganze Lagen zusammengeballter Blätter von Sequoien, Eichen, Ulmen, Weinreben, Birken und Tulpenbäumen. Dies beweist, daß das Klima dieser Gebiete während eines Teils der Tertiärs mehr als gemäßigt war. Man wendet sich zurück nach Brjànslaikur, geht zur Südspitze der Halbinsel und nach Raudsdalur, wo der Strand durch einen schönen, südwest-nordost-streichenden Gang von mehreren hundert Metern Länge abgeriegelt ist, der durch die Erosion freigelegt wurde.

Man nimmt nun die Piste in umgekehrter Richtung nach Bùdardalur und fährt hinter diesem Ort nach Südosten in Richtung Hredavatn. An der Kreuzung mit der Hauptstraße Reykjavik-Akureyri ragt die helle Rhyolithkuppe von Baula (934 m) empor, die um die Wende Tertiär – Pleistozän datiert wird. Im Süden, östlich des Hredavatn, schneidet die Piste den Gràbrókarhraun, der jünger als 3700 Jahre ist. Die Lava stammt aus zwei Kratern, dem Gràbrókarfell und Gràbrók, die beide leicht zu besteigen sind. Die Stellung dieses postglazialen Vulkanismus inmitten tertiärer Basalte ist auf der ganzen Snaefellsnes-Halbinsel, deren Ostgrenze vom Gràbrók gebildet wird, die Regel.

Man fährt auf der Straße nach Akureyri weiter nach Norden. 42 km vor Blönduos geht es dann rechts in Richtung Vididalstunga und das Vididalstunguheidi-Tal hinauf.

Nach der zweiten Brücke, einige hundert Meter nördlich vom Bakki-Hof, wendet man sich westlich in das kleine Bakkadalur-Tal, um zum steilen Aufschluß von Bakkabrunir zu gelangen. Dort liegen an Blätterfossilien reiche zwischeneiszeitliche Sedimente auf pleistozänen Basalten. Abdrücke von Erlen- und Weidenblättern finden sich reichlich in den Hanggeröllen. Dann geht man wieder zurück auf die Hauptpiste von Blöndous nach Akureyri, die bedeutende Abfolgen tertiärer Basalte durchschneidet.

Tjörnes*

130 km lange Route nordöstlich von Akureyri
Leicht erreichbar

Geologisch interessant: Fjord, Bimssteindecken, Wasserfall, Lavastrom mit säuliger Absonderung, Pseudokrater, terrestrische und marine Ablagerungen, Fossilfundpunkte.
Mindestdauer: ein halber Tag

Von Akureyri, der Hauptstadt Nordislands, wendet man sich zunächst nach Süden und dann Osten und umfährt den 60 km langen Fjord Eyjafjördur, der in tertiäre Basalte eingeschnitten ist. Das kleine Delta, das ihn teilweise aufgefüllt hat, ist um 2,5 km vorgewachsen, seit die ersten Bewohner in dieses Gebiet kamen. Im Osten steigt man das Vadlaheidi-Massiv hinauf und hat vom Paß aus einen sehr schönen Blick auf Akureyri und Eyjafjördur. Danach geht es das Tal Fnjòskadalur hinab, wo entlang der Piste schöne Profile von H3, H4 und von schwarzen Aschen angeschnitten sind. Alle Täler dieses Gebiets weisen ein deutliches N-S-Streichen auf. Hinter der Brücke über den Fnjòskà-Fluß lohnt es sich, den kleinen Vaglaskogur-Wald zu besuchen. Er ist einer der schönsten Wälder Islands, seine Birken erreichen über 12 m Höhe.
Man setzt den Weg durch das Tal am Rande des Sees Ljosavatn bis zum Tal Baradardalur fort, in dem sich der Fluß Skalfandafljót schlängelt. Er ist mit 178 km Länge der drittgrößte Fluß Islands. Danach kommt man zu dem schönen Wasserfall Godafoss, dem „Fall der Götter“. Er ist 10 m hoch und hat sich in einen prismatischen Basaltstrom eingeschnitten, der vor 8000 Jahren aus dem Schildvulkan Trölladyngjà, 105 km südöstlich des Wasserfalls, ausgeflossen ist. Das Tal Baradardalur ist von Bedeutung, weil es die tertiären Plateaubasalte im Westen von dem pleistozänen Mittelgraben im Osten trennt. Vom Godafoss wendet man sich nach Einarsstadir und steigt dann in Richtung Norden nach Hùsavík. Man kommt durch die rezenten Lavaströme von Adalddalshraun, die bei Knutsstadir reich an Pseudokratern sind. Diese Ergüsse sind eigentlich die jüngsten Laxa-Laven, sie haben sich vor 2000 Jahren ergossen. An dem naheliegenden Laxa-Fluß liegt ein Wasserkraftwerk. Von Hùsavík fährt man weiter nach Norden zu der Halbinsel Tjörnes zwischen den Fjorden Skjàlfandi („bebende Bucht“, wegen der vielen Erdbeben, die dort stattfinden) und Axarfjördur. Tjörnes besitzt die für Island charakteristischste marine und kontinentale sedimentäre Abfolge des Pliozäns und des unteren Pleistozäns. Es ist eine bedeutende Serie von Sandsteinen, Tonen und Agglomeraten, die reich an marinen Mollusken sind und bei denen in kleinen Kohlenschichten Pollen vorkommen. Man unterscheidet vom Liegenden zum Hangenden, beziehungsweise von Süden nach Norden, längs der Ostküste von Tjörnes:

- die Abfolge von Westtjörnes, 550 m mächtig, mit marinen molluskenreichen Horizonten und mit kontinentalen kohligen Lagen. Man unterscheidet 25 verschiedene Zonen. Die drei wichtigsten sind, vom ältesten zum jüngsten, die *Tapes-*, die *Mactra-* und die *Cardium-*Zone. Die beiden ersten wurden während eines ziemlich warmen Klimas mit einer Jahresdurchschnittstemperatur von 10 °C abgelagert;
- die Abfolge von Furuvík, mit 100 m langen Basaltströmen und 40 Metern zwischengelagerten sedimentären Abfolgen mit Tilliten;
- die Abfolge von Breidavík, 280 m mächtig, z. T. marin, mergeligsandig, manchmal konglomeratisch mit marinen Mollusken.

Der untere Teil der westlichen Tjörnes-Abfolge datiert in das Pliozän, wogegen der hangende Teil, die Abfolge von Furuvík und Breidavík, zum unteren Pleistozän gehören. Alle Schichten haben ein deutliches Einfallen nach Norden. Um die Abfolge von Westtjörnes zu sehen, fährt man nördlich von Hùsavík nach Ytritunga und biegt links ab zur Küste nach Hallbjarnarstadaá. Dort findet man in den 70 m hohen Felswänden geschichtete Ablagerungen, die reich an *Mactra* und *Cardium* sind. Danach geht es auf der Hauptpiste nach Norden zu dem Plateau der Furuvík-Abfolge und zur Bucht Breidavík, an der die gleichnamige Abfolge ansteht.

Myvatn****

Umgebung des Sees Myvatn
Leicht erreichbar
Geologisch interessant: See, Pseudokrater, vulkanische Schlote, Lavaströme, Palagonit, erstarrter Lavasee, Explosionskrater, Linearvulkane, heiße Quellen, Obsidian, Kuppe, Nutzung der geothermischen Energie, Diatomeenschlamm, basaltische Tuffe, Eruptionsspalten.
Mindestdauer: drei Tage
Hinweise: ein kleines Schlauchboot ist nützlich

Der Myvatn („Mücken-See“) ist mit 38 km^2 die drittgrößte Wasserfläche der Insel. Seine durchschnittliche Tiefe liegt bei 3 m. Er ist mit vielen vulkanischen Inseln übersät, die mit unzähligen Pseudokratern besetzt sind. Der See wird in seinem nordöstlichen Teil von 20 °C warmen Quellen gespeist. Im Westen begrenzt von pleistozänen Basaltzügen, im Osten von Tuffrücken und Tafelbergen, liegt der Myvatn im Zentralgraben. Die vulkanische Tätigkeit des Gebiets lag hauptsächlich in postglazialer Zeit und ist durch Linearvulkane mit

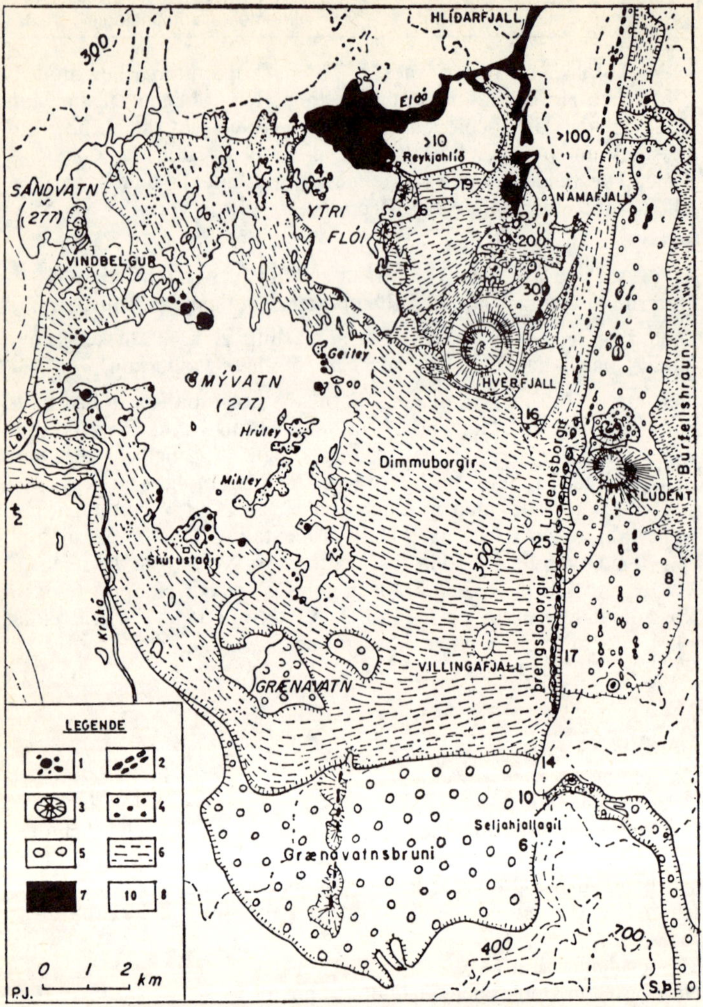

Abb. 16 Geologische Karte des Gebiets von Myvatn (nach *Thorarinsson* 1960)

1 Pseudokrater; 2 Kraterreihe; 3 Aschenkegel und kleine subglaziale Vulkane; 4 Lavaströme des Ludent-Zyklus (älter als 6000 Jahre); 5 alter Laxa-Strom; 6 Lavaströme des Hverfjall-Zyklus (2500 bis 10 000 Jahre); 7 Lavaströme von 1725 bis 1729; 8 Mächtigkeit der Tuffe von Hverfjall in cm

(nach *Thorarinsson, S.* [1960], aus *Schwarzbach, M.* [1964]: Geologenfahrten in Island. – 2. Aufl., Ludwigsburg [Karawane])

ausgedehnten Lavaergüssen, N-S-Spalten, einige Explosionskrater sowie die Pseudokrater-Gruppe charakterisiert.

Die geologische Geschichte dieses Gebiets konnte durch Prof. THORARINSSON dank der Tephrochronologie und insbesondere mit Hilfe der Vulkanaschen der Hekla, die in das Myvatn-Gebiet gefallen sind (H3, H4, H5), aufgeklärt werden.

Am Ende der letzten Eiszeit dringt die Gletscherstirn vom Norden bis zu dem Reykjahlid-Bauernhof vor. Das Eis beginnt zu schmelzen, und das Wasser fließt gen Süden ab. Während dieser ersten Periode ist der subglaziale Vulkanismus in Namafjall sehr aktiv, und südöstlich von Reykjahlid entstehen mit dem Ytri Höfdi und dem Sydri Höfdi zwei Schlackenvulkane aus Kissenlaven und Hyaloklastiten. Das Eis zieht sich zurück, und der Oberflächenvulkanismus wird stärker; es beginnt eine explosive Phase, der der Explosionskrater von Lúdent seine Entstehung vor 9000 Jahren verdankt. Aus Spalten ergießen sich Lavaströme in der Nähe dieses Vulkans und westlich von Namafjall. Am Ende dieses ersten Zyklus werden in Lúdent Dacitlaven gefördert. Das durchschnittliche Alter dieser Vulkantätigkeit beträgt 6000 Jahre.

Eine lange Pause von 3500 Jahren folgt diesem Eruptionszyklus. Unterdessen ergießt jedoch der Schildvulkan Ketildyngjà, 25 km südöstlich des Myvatn, einen großen Lavastrom, der alte Laxa genannt wird. Er bedeckt das Myvatn-Gebiet und bildet einen Damm, hinter dem sich vor 3800 Jahren der erste See aufstaut. Dieser Lavastrom hat durch das Tal Laxardalur das Meer erreicht.

Vor 2500 Jahren begann dann ein neuer Ausbruchs-Zyklus. Der wunderschöne Explosionskrater von Hverfjall entsteht bei einer einzigen Eruption. 0,5 km^3 Blocklaven werden ausgeworfen. 500 Jahre später beginnt eine gewaltige Spaltentätigkeit, auf die die Linearvulkane Threngslaborgir und Lúdentsborgir zurückgehen. Von diesen beiden Vulkanen wird ein sehr großer Lavastrom, die junge Laxa, gefördert. Auf diesem Lavastrom bilden sich unzählige Pseudokrater, die heute die Inseln im Myvatn darstellen.

Das Gebiet ruht wieder tausend Jahre, bis plötzlich am 17. Mai 1724 ein neuer Zyklus beginnt. Der Krafla-Vulkan nordöstlich des Myvatn wird tätig, und der wunderschöne Explosionskrater von Helviti, der „Höllenkrater“, entsteht. Das ist der Beginn der „Feuer des Myvatn“, die fünf Jahre andauern werden. Am 11. Januar 1725 öffnet sich westlich des Krafla eine lange Spalte, die Leirhnùkur. Von 1725 bis 1728 fließen mehrere Lavaströme aus dieser Spalte.

Im August 1729 erreicht ein Lavastrom von Leirhnùkur den Myvatn, umfließt die Kirche von Reykjahilid, die heute Reynihlid genannt wird, und kommt wenig später zum Stillstand. Die Lava ist vom helluhraun-Typ. Seit den Feuern des Myvatn hat die Tätigkeit aufgehört, nur eine kleine Eruption nördlich von Leirhnùkur im Jahre 1746 hat die Ruhe des Gebietes gestört.

Am 20. Dezember 1975 kam es zu einem kleinen basaltischen Ausbruch in dem Gebiet östlich des Krafla, im Norden von Leirhnùkur. Während mehrerer Monate herrschte in dem Gebiet eine intensive seismische Tätigkeit, die von Ausdehnungen und Kontraktionen der Caldera des Krafla begleitet war, was ein Hinweis auf tiefsitzende Magmenbewegungen ist.
Tatsächlich war dies der Beginn von „neuen Feuern des Myvatn", bei denen sich Spalten in dem Graben öffneten, bedingt durch das Eindringen von Magma in einigen Kilometern Tiefe und gelegentlich begleitet durch kurze basaltische Spalteneruptionen. Einige Dutzend solcher Ereignisse, die von Eruptionen begleitet waren, haben sich zwischen 1975 und 1983 ereignet. Der Ablauf ist immer derselbe: Eine Magmenkammer in 3 km Tiefe unter dem Krafla füllt sich langsam mit Magma, wodurch sich der Boden in dieser Gegend hebt. Wenn das Magma dann keinen Platz mehr hat, dringt es nördlich oder südlich des Krafla horizontal in ein System von Spalten ein, die zu dem Graben gehören und insgesamt 80 km lang sind. Die Spalten öffnen sich mit einem Ruck, sie werden durch das Eindringen des Magmas geweitet. Dies ist ein großartiges Beispiel für den Mechanismus des sea-floor spreading (Neubildung ozeanischer Kruste). Zwischen 1975 und 1983 ist der Graben in der Ost-West-Richtung um 5–7 m breiter geworden! Häufig endet dieser Vorgang mit einer Absenkung der Region des Krafla, nachdem dessen Magmenkammer sich entleert hat, unter anderem durch den Austritt von etwas Basalt aus den Spalten (ungefähr 1% des Volumens), wobei es zu schönen Eruptionen mit großartigen Reihen von Lavafontänen und sehr dünnflüssigen Strömen kommt. Im September 1977 ist sogar etwas glutflüssige Lava aus einer geothermischen Bohrung im Zentralgraben ausgetreten, die so vorübergehend zu einem Vulkanschlot wurde! Etwa 1,2 m^3 Basalt wurden gefördert. Dies war die kleinste bekannte Basalteruption und die erste aus einem Bohrloch.

Wir wollen hier genauer auf einige besonders interessante Gebiete eingehen.

Die vielen Inseln des Myvatn sind gewiß die größte Sehenswürdigkeit dieser Gegend. Mit unzähligen Kratern aller Größen (von 1 m bis 100 m Durchmesser) sind die Inseln Hrutey, Haey, Mikley, Geitey und die Skutustadir-Halbinsel übersät. Auf dem Westteil von Hrutey ragt ein wunderbarer Vulkanschlot aus Schweißschlacken empor.

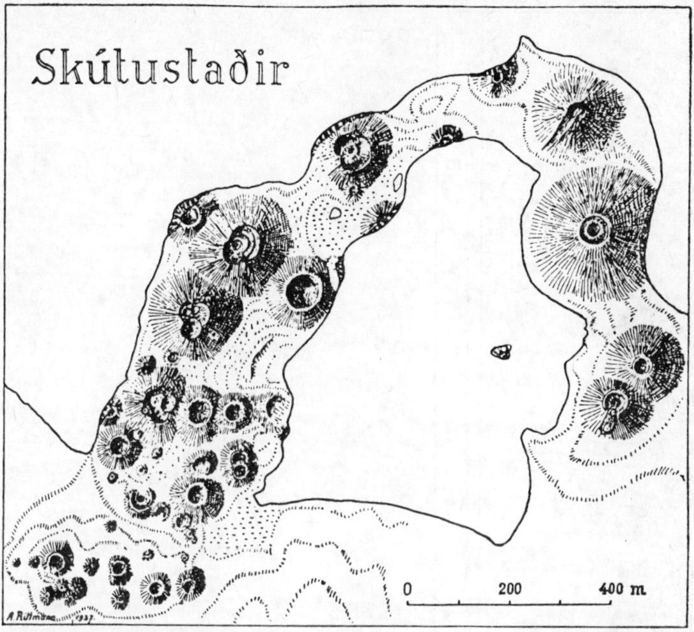

Abb. 17 Schematische Karte der Pseudokrater von Skútustadir im Myvatn-See (aus *Rittmann, A.* [1938]. – Bull. vulcanol., sér. II, 4, Napoli)

Die isländischen Vulkanologen nehmen an, daß alle diese Mondkrater-ähnlichen Gebilde „Vulkane ohne Wurzel“ oder Pseudokrater sind. Die junge Laxa, ein glühender Lavastrom, strömte in den ersten Myvatn. Das Wasser wurde plötzlich zu Dampf erhitzt, und dies führte zu Hunderten von kleineren Explosionen, die diese Pseudokrater entstehen ließen, die auch phreatische Krater genannt werden.

Vom Gipfel des palagonitischen Vulkans Vindbelgur, nordwestlich des Sees, hat man eine sehr schöne Sicht über die gesamten Pseudokrater des Myvatn.

Östlich des Sees kann man innerhalb desselben Lavastroms – der jungen Laxa — Dimmuborgir, „die schwarzen Schlösser“, besichtigen, einen beeindruckenden, ruinenhaften und düsteren Komplex. Seine Fortsetzung in den See bildet in Kalfaströnd eine Gruppe von merkwürdigen Säulen – die Überreste eines Lavasees, der sich allmählich leerte und die Versorgungsschlote als Relief freigab.

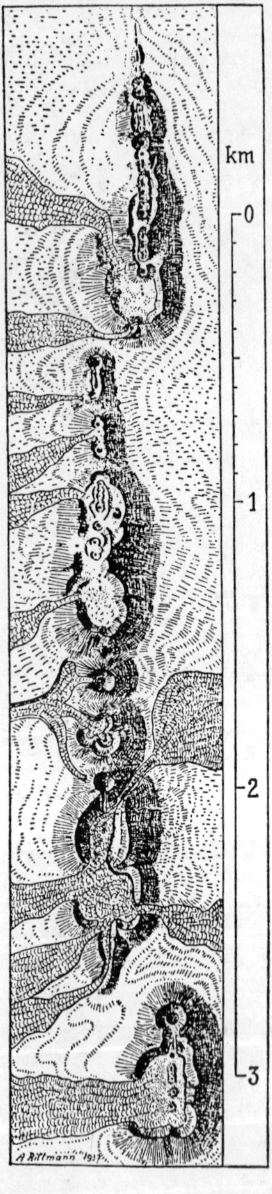

Abb. 18 Schematische Karte eines Teiles von Threngslaborgir (aus *Rittmann, A.* [1938]. – Bull. vulcanol., sér. II, 4, Napoli)

Nördlich dieses Gebietes lohnt es sich, den Hverfjall zu besteigen. Es ist einer der Vulkane auf der Erde, die in ihrer Morphologie am meisten den Mondkratern gleichen. Er hat einen Durchmesser von 1200 m, ist 160 m hoch und sein Krater ist 140 m tief. In der Kratermitte steht ein kleiner Kegel von der Schlußphase des Ausbruchs. Der Vulkan besteht aus geschichteten Tuffen.

Der Linearvulkanismus, der für Island bezeichnend ist, ist im Myvatn-Gebiet durch Threngslaborgir und Lúdentsborgir vertreten. Sie sind über eine Piste leicht zu erreichen. Die Eruptionsspalte des Threngslaborgir ist nahezu 4 km lang, die des Lùdentsborgir 2,5 km. Beide streichen in N-S-Richtung.

Man kann sechs Phasen der vulkanischen Tätigkeit unterscheiden:

- die Spalte öffnet sich und wird durch Explosionen geleert und erweitert; Material von Schlotexplosionen wird abgelagert;
- große Mengen von flüssiger, gasreicher Lava ergießen sich, und eine Basaltdecke entsteht;
- aus Schlacken und Lavafetzen entsteht eine Reihe von Schlackenkegeln;
- Lavaseen entstehen in den neugebildeten Kratern, und eine fontänenartige Tätigkeit beginnt;
- die sehr heiße, aber entgaste Lava reißt Krater auf, fließt langsam aus und erstarrt in Form von Stricklava oder glatter Lava;
- das Magma verschwindet in der Spalte, und der Ausbruch endet mit einer Fumarolentätigkeit.

Heiße Quellen haben in dem Gebiet von Myvatn ebenfalls große Bedeutung. Sie liegen hauptsächlich längs der tektonischen Spalten von Krafla im Norden bis Namafjall im Süden.

Der Krafla-Vulkan ist ein 818 m hoher Palagonitrücken. Er ist leicht erreichbar, da die Piste gut markiert ist. Um dorthin zu gelangen, nimmt man die Piste Reykjahlid-Grimsstadır bis nach Dalborg, 1,5 km östlich von Namafjall, dann die kleine Straße Richtung Norden, die zu den Thermalbohrungen des Krafla-Gebietes führt.

Diese Bohrungen liefern ungefähr 60 MW; die tiefste erreicht 1800 m. Nach 4,5 km findet man links, in einem Tal kurz vor dem Krafla-Massiv, Lavakaskaden der Eruption von Leirhnùkur. Die West- und Südhänge des Krafla sind reich an heißen Quellen, welche zu einer Zersetzung der Gesteine in Tone geführt haben, die Schwefel und sehr schöne Gipskristalle enthalten. Einige beeindruckende Schlammbecken von 90 °C und mehr umsäumen das kleine Tal, das zum wunderschönen Explosionskrater von Helviti führt, der am 17.

Mai 1724 entstand. Er hat einen Durchmesser von 320 m und sein Kratersee ist 33 m tief. Es ist ein typisches Maar ohne Lavaerguß, das ausschließlich durch Gas-, Wasser-, Dampf- und Pyroklastikaauswürfe entstanden ist. Der Kratersee hat eine intensive blaue Farbe, die durch ein goldgelbes Ufer unterstrichen wird. Die Wassertemperatur beträgt 4°C. Die Geophysiker waren sehr erstaunt, daß die mikroseismische Tätigkeit unter diesem Vulkanbau die stärkste auf Island ist. Man nimmt daher an, daß dieser Vulkan nur vorübergehend ruht.

Am südöstlichen Rand von Helviti liegen einige kleine Krater und Solfataren. Fährt man vom Krafla aus nach Südosten, so gelangt man zu dem Hügel Hrafntinnuhriggur oder „Rücken des Rabensteins“, der 2,5 km lang ist, aus pleistozänem Rhyolith besteht und von einem der schönsten Obsidiane der Welt mit intensiv schwarzer Farbe bedeckt ist. Am westlichen Fuß dieses Hügels liegt ein kleiner Explosionskrater von 220 m Durchmesser, der Obsidianbomben ausgeworfen hat. Gehen wir aber zurück nach Süden, wo sich der lange, 150 m hohe Palagonit-Bergkamm des Namafjall befindet, was soviel wie „Berg zum Wegnehmen“ bedeutet, weil man dort im 16. und 17. Jahrhundert Schwefel gefördert hat. Auf den Hängen und um den Namafjall findet man zahlreiche heiße Quellen in Hyaloklastiten und Kissenlaven.

Man schätzt mehr als tausend Dampf- und Warmwasseraustritte. Die Gesteine haben sich zu Ton-, Schwefel-, Gips- und Covellinschichten umgewandelt. Diesen völlig gelben Berg erkennt man bereits von weitem. Vier Schlotpfropfen, von denen der höchste 482 m erreicht, durchbohren die Schwefel- und Sublimatebene.

Vom Gipfel des Namafjall sieht man im Westen die ganze Fläche des Myvatn, im Nordwesten die pleistozäne Rhyolithkuppe von Hlidarfjall, im Norden den Krafla, im Osten die bunt gefärbte Thermalzone von Namaskard und die Ebene von Odadahraun, im Süden schließlich Hverfjall, Lùdent, Threngslaborgir sowie die Tafelberge Bláfjall und Sellandafjall und den Schildvulkan Trölladyngjà.

Namaskard ist eine wichtige Thermalzone, die hauptsächlich aus Schlammbecken mit Temperaturen von 100°C besteht. Dicke Ablagerungen von Sublimaten bilden im ganzen Gebiet farbige Flecken. Es ist eines der schönsten Thermalgebiete Islands und mit Geysir das am leichtesten erreichbare, da die Piste von Reykjahlid nach Grimsstadir es im Norden streift.

Von Namaskard kann man mit einem guten Geländewagen nach Süden fahren, westlich an dem 2000 Jahre alten Lavastrom Bùrfellshraun vorbei. Am Krater von Heidarspordshóll kann man schöne andesitische Bomben sammeln. Weiter südlich kommt man nach Hraunbunga, der Dacitkuppe von Lùdent. Es ist jedoch bequemer, eine andere Piste zu benutzen, die 5 km südlich von Reykjahlid links abbiegt, südlich an Hverfjall, dann nördlich an Lúdentsborgir vorbeiführt und nicht weit von Hraunbunga endet (490 m). Die Kuppe besteht aus zwei sehr zähflüssigen Dacitergüssen. Zähflüssig deshalb, weil die Ergußfronten mehrere Dutzend Meter hoch sind. Im Süden kann man den Explosionskrater von Lúdent besichtigen, im Südwesten die Linearvulkane Threngslaborgir und Lúdentsborgir.

Die geothermische Energie wird in dem Gebiet von Myvatn weitgehend genutzt. Am Westfuß des Namafjall hat man am Rand der Piste eine Reinigungs- und Trocknungsanlage für Diatomeenschlamm gebaut. Der Diatomeenschlamm wird aus dem Myvatn, der riesige Mengen davon enthält, hochgepumpt und durch Rohre zum Industriegebiet geleitet (dieser Schlamm ist älter als 2000 Jahre).

Der Betrieb läuft seit 1967 und ist südlich der Piste auf den Lavaströmen der Kraterreihe von Bjarnarflag, die sich zwischen 1725 und 1729 ergossen haben, erbaut. Der zur Kieselguraufbereitung benötigte Dampf stammt aus Bohrungen, die bis zu 1300 m tief sind und eine Temperatur von 290°C haben, bei einem Druck von 50 bar.

700 m östlich der Anlage führt eine Piste in Richtung Süden, zu den Kuppen von Jardbadshólar, aus denen nach der Entstehung vom Hverfjall Lavaströme ausgeflossen sind. Im Süden erstrecken sich gut geschichtete basaltische Tuffe, die in Form von Austernschalen abgetragen sind und viele Pisolithe und Spuren von Baumstämmen enthalten. Diese Tuffe stammen vom Explosionskrater des Hverfjall.

Es sei darauf hingewiesen, daß zwei Eruptionsspalten eine Besichtigung lohnen: Stóragjà und Grjotagjà. Stóragjà, südlich von Reykjahlid, hat N-S-Streichen und enthält Wasser von 28°C. Seine Westflanke besteht aus porphyrischem Basalt, der älter als 6600 Jahre ist, seine Ostflanke bilden die Laven aus den Jardbadshólar-Kratern. Grjotagjà, 2,5 km nördlich von Hverfjall, hat ebenfalls N-S-Streichen und enthält Heißwasserbecken (42°C), in denen es sich angenehm baden läßt.

Askja****

120 km südlich des Myvatn
Ziemlich schwer erreichbar (Furten, häufige Versandung)
Geologisch interessant: Explosionskrater, Aschenwüste, Schildvulkan, Tafelberg, Stratovulkan, Calderen, Lavaströme, Bimssteine, Kissenlaven.

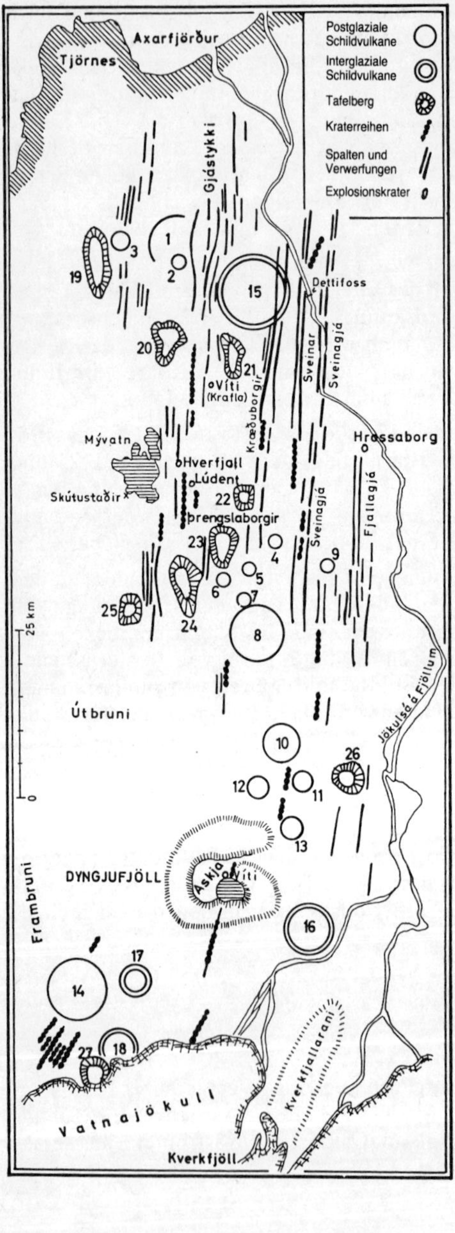

Abb. 19
Vulkanologische Skizze des Zentralgrabens im Norden Islands

Postglaziale Schildvulkane

1 Theistareykjabunga
2 Stóra Viti
3 Stórahversmor
4 Taglabunga
5 Skuggadyngjà
6 Skjaldbaka
7 Ketildyngjà
8 Kerlingardyngjà
9 Veggjàbunga
10 Kollottadyngjà
11 Flatadyngjà
12 Fjarholadyngjà
13 Svartadyngjà
14 Trölladyngjà

Zwischeneiszeitliche Schildvulkane

15 Grjothals
16 Vadalda
17 Hrimalda
18 Urdarhals

Tafelberge

19 Lambafjöll
20 Gaesafjöll
21 Hagong
22 Búrfell
23 Heilagsdalsfjall
24 Blafjall
25 Selandafjall
26 Herdubreid
27 Kistufell

(aus *Schutzbach, W.* [1967]: Island, Feuerinsel am Polarkreis. – Bonn [Dümmler])

Mindestdauer: ein Tag
Hinweise: Vorrat an Essen und Benzin mitnehmen; Leute in Reykjahlid von der Reise nach Askja unterrichten, weil schlechtes Wetter und Sandstürme tagelang andauern und die Weiterreise verhindern können. Es ist ratsam, einen Geländewagen zu benutzen.

Man nimmt die Piste von Reykjahlid nach Grimsstadir. Hinter Namaskard sieht man im Norden die sauren Komplexe von Krafla und Jörundur, im Süden die Palagonitberge Bùrfell und Skògarmannafjöll. Die Piste führt dann durch den Lavastrom Nýjahraun, der sich 1875 aus der Kraterreihe Sveinagjà ergoß. 10 km vor Grimsstadir geht es rechts Richtung Askja. Man kommt östlich an Horssaborg vorbei, einem alten Explosionskrater aus dem Pleistozän, von dem ein Hang eingebrochen ist, was die Besichtigung erleichtert. Je weiter man nach Süden kommt, umso öder wird die Landschaft. In der Ferne sieht man Tafelberge und postglaziale Schildvulkane wie Ketildyngjà, Kerlingardyngjà und Kollottadyngjà, aus denen sich große Lavaströme ergossen haben. Man kommt in den Odadahraun, die „Wüste der Verbrechen", eine weite, von Aschen bedeckte Ebene. Nach 30 km steht man vor dem Herdubreid, dem „König der Berge", einem wunderbaren Tafelberg aus subglazial entstandenen Palagoniten. Er ist 1682 m hoch, trapezförmig und besteht von unten nach oben aus Kissenlaven, gut sichtbaren geschichteten Hyaloklastiten und am Gipfel aus einem Schlackenkegel und einem Lavastrom, die entstanden sind, als der Vulkanbau die Eisdecke durchdrang.

Am Fuß dieses Vulkans entfaltet sich die kleine Vegetationsoase von Herdubreidarlindur. Man muß in Fjöllum den Fluß Jökulsá überqueren, um im Odadahraun weiter voranzukommen. Der Odadahraun ist hier und da von weißen Bimssteinablagerungen bedeckt, die von einem Ausbruch des Askja aus dem Jahre 1875 stammen. Man kommt östlich an dem Palagonitrücken von Herdubreidartögl, dann

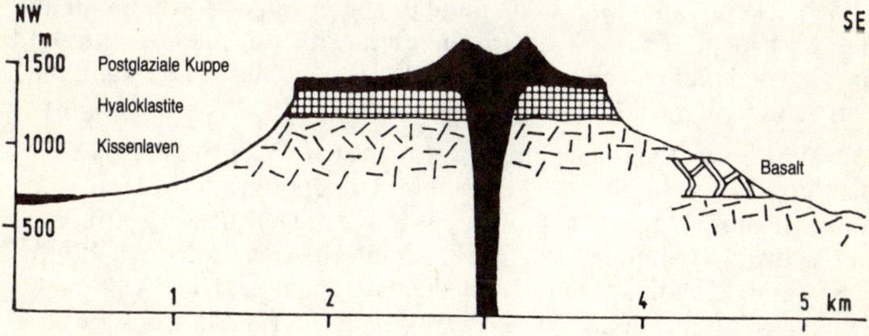

Abb. 20 Profil durch den Herdubreid (aus *van Bemmelen, R. W.* und *Rutten, M. G.* [1955]: Tablemontains of Northern Iceland. – Leiden)

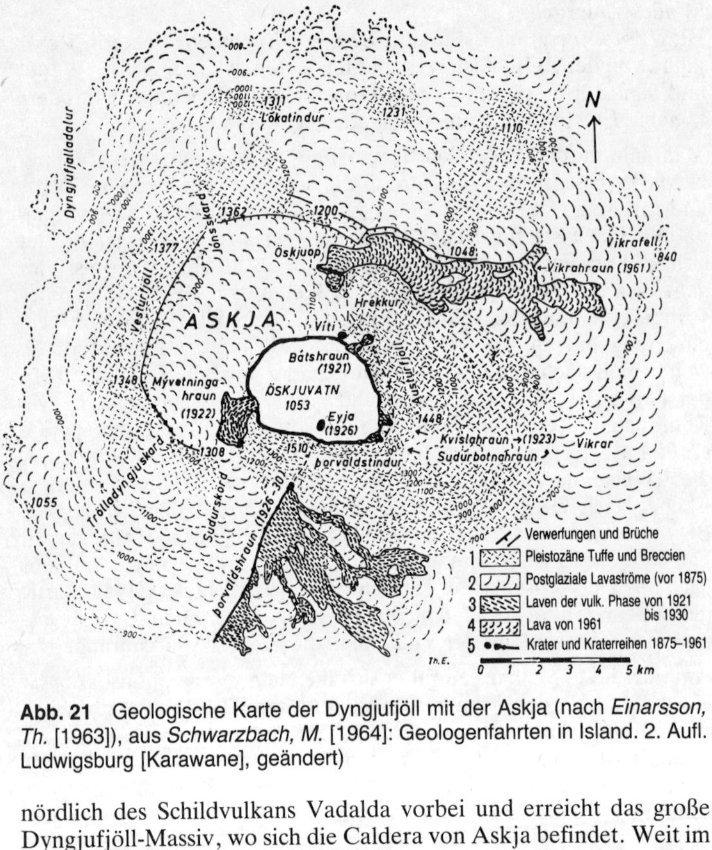

Abb. 21 Geologische Karte der Dyngjufjöll mit der Askja (nach *Einarsson, Th.* [1963]), aus *Schwarzbach, M.* [1964]: Geologenfahrten in Island. 2. Aufl. Ludwigsburg [Karawane], geändert)

nördlich des Schildvulkans Vadalda vorbei und erreicht das große Dyngjufjöll-Massiv, wo sich die Caldera von Askja befindet. Weit im Süden erkennt man hinter den Sandars, den riesigen Vatnajökull und den Kverkfjöll, bei dem es sich um eine z. T. von Eis bedeckte und an Thermalquellen reiche Caldera handelt. Im Südwesten kann man den Schildvulkan Trölladyngjà erkennen.

Die Wüste von Odadahraun, in der man sich völlig fremd fühlt, weil die Vegetation fehlt, ist gewiß ein Höhepunkt des isländischen Vulkanismus. Man sieht, so weit das Auge reicht, unzählige Vulkane mit schwarzen Silhouetten. Das Dyngjufjöll-Askja-Massiv ähnelt so sehr einer Mondlandschaft, daß die Astronauten der NASA es als Übungsgelände benutzten. Dyngjufjöll ist der Rest eines riesigen Stratovulkans. Er bedeckt eine Fläche von ungefähr 250 km^2. Der Boden der Caldera liegt auf einer Höhe von 1100 m. Eine Wand von

200 bis 450 m Höhe umgibt sie. Diese Wand ist von einigen Schluchten durchbrochen, die den Zugang zur vulkano-tektonischen Senke ermöglichen. Ein See, der Öskjuvatn, mit einer Fläche von 11 km^2 und einer maximalen Tiefe von 217 m, liegt im südöstlichen Teil der Caldera.

Das Dyngjufjöll-Massiv besteht hauptsächlich aus Palagonit, mit einigen basaltischen und rhyolithischen Intrusionen, und ist unter dem Eis entstanden. Seine Geologie ist kaum bekannt, seine Geschichte kann man jedoch in ihren wichtigsten Zügen schildern.

Zunächst ist der Vulkan vollkommen subglazial. Allmählich wächst das Massiv, durchbricht das Eis, und es bildet sich ein See. Später verursacht ein mächtiger Einbruch im oberen Teil des Vulkans die Caldera von Askja; das Eis geht zurück. Die Erosion des Massivs beginnt. Der rezente Oberflächenvulkanismus konzentriert sich besonders in der Caldera. Man weiß über die Ausbrüche von Askja bis zum Jahre 1875 sehr wenig. Sicher ist nur, daß dieser Vulkan vor diesem Datum mehrere Tätigkeitsphasen hatte.

Am 28. März steigt aus der Caldera von Askja eine dicke Wolke von Asche und Bimssteinen: der Viti-Krater wird geboren. Die vorherrschenden Westwinde tragen die vulkanischen Aschen bis nach Skandinavien, wo sie Stockholm am 30. März um 10 Uhr morgens erreichen. In weniger als zwölf Stunden schleudert der Viti-Krater, der kaum 100 m Durchmesser hat, 2,5 km^3 weißen rhyolithischen Bimsstein aus. Die Gesamtfläche, die von Asche bedeckt wurde, beträgt 650 000 km^2. Alle Bauernhöfe östlich von Askja werden verlassen. Dieser Ausbruch war die Ursache der Auswanderung einiger Isländer nach Amerika. Der südöstliche Teil der Caldera stürzt einige Wochen später ein, und ein See, der Öskjuvatn, bildet sich. Von 1875 bis 1907 bricht die Caldera weiter ein und der See nimmt ein Volumen von 2 km^3 an; er füllt schließlich einen kleinen Krater von 4 km Länge und 3 km Breite innerhalb der großen Caldera von Askja.

Im März 1921 entstehen kleine Krater entlang einer Spalte am Ostrand von Askja, 1 km von Viti entfernt. Daraus fließt der Bàtshraun-Lavastrom in Richtung zum See. Im November 1922 bedeckt der Lavastrom Mývetningahraun eine Fläche von 2 km^2 am südwestlichen Ende des Sees. Noch im gleichen Winter kommt es südöstlich von Öskjuvatn zu zwei weiteren Ergüssen, dem Kvislahraun und dem Sudurbotnahraun. Zwischen 1924 und 1929 ergießt sich aus einer 6 km langen Spalte ein 16 km^2 großer Lavastrom auf den Hang von Dyngjufjöll. Im Sommer 1926 entsteht im See ein Schlakkenkegel, die kleine Insel Eyja.

Nach mehr als 30 Jahren Unterbrechung beginnt 1961 eine neue Tätigkeitsphase. Am 6. und 9. Oktober bebt in dem Gebiet von Askja die Erde. Am 10. Oktober entstehen im Norden von Viti Solfataren, und es entwickelt sich eine gewaltige Geysirtätigkeit.

Eine der Solfataren schleudert Wasser und Schlamm bis 100 m hoch empor. Am 26. Oktober, um 14 Uhr Ortszeit, öffnet sich in der Nähe der Solfataren eine 800 m lange Spalte, aus der Lavaströme fließen, die 7,5 km Länge und durchschnittlich 5 km Mächtigkeit erreichen. Lavafontänen schießen bis in 500 m Höhe. Die Fördermenge der Gesteinsschmelzen sinkt allmählich bis zum 4. November, um danach wieder anzusteigen. Der Ausbruch endet Anfang Dezember 1961.

Drei Krater, die Vikraborgir, entstanden und lieferten den Lavastrom Vikrahraun. Der Vulkan fördert 0,1 km^3 basaltische Lava und 3 000 000 m^3 Aschen. Der Ausbruch von Askja 1961 hat keinerlei Schäden verursacht, weil die Umgebung unbewohnt ist. Während des Ausbruchs ist der Spiegel des Öskjuvatn um einige Meter gesunken. Seit dieser Zeit schlummert der Vulkan, und die Caldera scheint abzusinken, da der Erguß einer derart großen Lavamenge offenbar einen Hohlraum unter dem Vulkanbau verursacht hat.

Hinter einer Schutzhütte links der Piste fährt man weiter in das enge Drekagil-Tal, das einen natürlichen Einschnitt in dem Dynjufjöll-Massiv darstellt. Bemerkenswert sind die Hyaloklastite und vor allem die Kissenlaven um den kleinen Wasserfall.

Um zur Caldera von Askja zu gelangen, muß man auf den Lavaströmen von 1961 fahren. Längs der Piste, in Richtung der Vikraborgir-Krater, ist die Lava zuerst vom Apalhraun Typ (Blocklava) und schließlich vom Helluhraun Typ (schön ausgebildete Stricklava). Die Krater von 1961 sind leicht zu besichtigen; zwei von ihnen sind besonders interessant: der Austari-Borg im Osten und der Vestari-Borg im Westen. Sie sind umgeben von Aschen, in denen sich zahlreiche „Lavatränen“ finden. Danach betritt man die große Caldera von Askja, die von den schwarzen Aschen und weißen Bimssteinen der Eruption von 1875 bedeckt ist. Im Süden breitet sich der Öskjuvatn aus, mit dem gelblichen, Warmwasser führenden Explosionskrater Viti an seinem Nordrand, in dessen Schichten die Bimssteinlagen von 1875 gut sichtbar sind. Die Nordost-, Südost- und Südwestufer des Öskjuvatn werden durch die Lavaströme von 1921 bis 1930 begrenzt. Im Südteil des Sees ragt die kleine Insel Eyja empor.

Dettifoss**

60 km Rundstrecke nordwestlich von Grimsstadir.
Leicht erreichbar.
Geologisch interessant: äolische Erosion, Wasserfälle, Schluchten, tektonischer Graben, Schnitt durch einen Vulkanbau, Kraterreihe.
Mindestdauer: ein halber Tag

Von Grimsstadir fährt man nach Nordwesten, um in Fjöllum entlang dem 206 km langen Fluß Jökulsá á Fjöllum zu fahren, der vom Vatnajökull kommt und in den Axarfjördur fließt. Es ist der zweitgrößte Fluß Islands. Er folgt grob der tektonischen N-S-Richtung des Zentralgrabens. Man trifft von S nach N auf fünf große Wasserfälle: den Selfoss, den Dettifoss, den Hafragilsfoss, den Rétarrfoss und den Vigabergsfoss, ein jeder in sich überlagernde Basaltströme geschnitten. Die Piste führt zuerst über eine Ebene, die mit vom Wind polierten Blöcken übersät ist. In der Ferne sieht man eine diffuse Gischtwolke, die den Dettifoss ankündigt. Der Fluß hat eine mächtige Schlucht in die Basaltströme gegraben, deren Wände wundervolle Säulen aufweisen. Der Wasserfall ist 44 m hoch.

Etwas weiter nördlich liegt ein anderer Wasserfall, der Hafragilsfoss, der 27 m hoch ist. An dieser Stelle hat die Schlucht den 30 km langen tektonischen Sveinar-Graben durchschnitten. Er ist 6000 Jahr alt. Auf der Ostflanke der Schlucht sieht man ein schönes Profil durch eine der Sveinarkuppen, welches sehr schön den kleinen Versorgungsschlott erkennen läßt. Dies ist am besten vom Westufer des Flusses aus zu sehen, das man leicht erreicht, wenn man nördlich auf halbem Weg zwischen Grimsstadir und Reykjahlid nach Norden abbiegt. 2 km weiter nördlich durchschneidet die Piste östlich des Flusses die Raudhólar-Kraterreihe. Vor Skinnastadur biegt man links ab, um nach Asbyrgi zu kommen. Asbyrgi ist ein großes, vertikal in Lavaströme der Riss-Würm-Zwischeneiszeit geschnittenes Amphitheater. Es ist 3,5 km lang und 1 km breit. Im Norden ist eine kleine Basaltinsel von 60 m Höhe erhalten geblieben, im Suden ist die Felswand 100 m hoch. Das Ganze stellt eine Schlucht dar, die vom Jökulsá á Fjöllum geschaffen wurde, dessen Flußbett vor mehr als 2500 Jahren westlich des heutigen lag.

Öraefajökull**

130 km lange Strecke südwestlich von Höfn
Ziemlich schwer erreichbar (viele Furten)
Geologisch interessant: Gletscher, Sander, subglazialer Vulkan, Fossilfundpunkt, Wasserfall, Panorama.

Mindestdauer: 1 Tag
Hinweise: Vorsicht vor Hochwasser

Von Höfn geht man Richtung Westen über den Fluß Hornafjardarfljót. Die Piste führt dann südlich an dem größten Gletscher Islands vorbei, dem Vatnajökull, der eine Fläche von 8000 km^2 bedeckt. Unter ihm ist der Vulkan Grímsvötn versteckt, der im Durchschnitt alle 10 Jahre ausbricht.

Man kann nacheinander die Gletscherzungen Fláajökull und Heinabergsjökull bewundern. Etwas weiter streift man den riesigen Breidamerkurjökull, der von vulkanischen Aschen übersät ist. Nahe der Piste im Norden schwimmen auf einem kleinen See Eisberge, die von dort ins Meer gelangen. Danach kommt man zum großen Öraefajökull-Massiv. Dies ist der höchste und größte Zentralvulkan Islands. Er steht nach dem Ätna an 2. Stelle in Europa. Sein oberer Teil besteht aus einer Kuppe mit einem elliptischen Krater von 5 km Durchmesser in N-S- und 3 km in E-W-Richtung. Er ist von mehreren Gipfeln umsäumt: dem Rótarfjallshnùkur (1848 m) und dem Knappur (1851 m) im Süden und dem Hvannadalshnùkur, dem mit 2119 m höchsten Berg Islands, im Norden.

Der Vulkan ist von einem wunderbaren Gletscher bedeckt, der sich nach Süden in schönen Gletscherzungen wie Kviárjökull, Falljökull, Svinafellsjökull und Skaftafellsjökull fortsetzt. Petrographisch gesehen besteht die Basis des Öraefajökull aus Palagoniten, Brekzien, Basaltströmen, Tilliten und fluvioglazialen Sedimenten des Pleistozäns. Darüber lagern große Rhyolithintrusionen wie die Pyramide von Godafjall, Slaga, Stadarfjall und vor allem Hvannadalshnúkur. Der eigentliche Kegel ist wahrscheinlich basaltisch und stammt aus der Würm-Eiszeit. Mehrere Lateraleruptionen haben in nacheiszeitlichen Perioden stattgefunden. So hat sich im Nordosten des Hofsfjall eine kleine Reihe basaltischer Kegel errichtet. Zwei kleine Lavaströme wurden auf dem Vatnafjall und westlich von Kviárjökull nachgewiesen. Der Hofsfjall ist ein Aschenkegel, der wahrscheinlich aus der letzten Zwischeneiszeit stammt.

Der Öraefajökull hatte in historischen Zeiten mehrere explosive Ausbrüche, von denen aber nur zwei datiert werden konnten, nämlich der von 1362 und der von 1727. Durch tephrochronologische Studien konnte man den Ausbruch von 1362 rekonstruieren. Er hat beinahe 2 km^3 rhyolithische Aschen ausgeworfen, die sich durch den Westwind auf fast 300 000 km^2 verteilt haben. Es ist die größte explosive Eruption Islands in historischer Zeit. Etwa 30 Bauernhöfe und an die 15 Kapellen wurden im Juni 1362 durch Schlammströme oder Jökullhlaups und Aschenregen zerstört. Es gab mehrere Opfer, und die Menschen verließen das Gebiet für immer. Erst im 15. Jahrhundert richteten sich die Isländer wieder am Fuß des nun ruhenden Vulkans ein. Die Region war unfruchtbar geworden und man nannte sie Öraefi oder „Wüstenland“.

Aber zurück zur Route: die Piste führt südlich vom Kviárjökull zwischen Vatnafjall und Stadarfjall vorbei. Etwas weiter, besonders von dem Weiler Fagurhólsmýri an, hat man einen schönen Blick auf den Öraefajökull. In der Ferne erscheinen die schneebedeckten Gipfel des Rótarfjallshnùkur und Knappur. Im Norden von Hof ragt der Aschenkegel des Hofsfjall empor. Von hier aus geht es weiter in Richtung Svinafell; direkt hinter dem Falljökull, mit dem Gipfel des Hvannadalshnùkur in der Ferne, führt die Piste an dem Berg Svinafellsfjall vorbei. Er besteht von unten nach oben aus dunklem Basalt, einer 100 m dicken hellen Schicht von Kies und Sand und einer dicken Tillitlage. Die sedimentäre Abfolge ist reich an Erlenblätterabdrücken und stammt aus der Mindel-Riß-Zwischeneiszeit. Südlich von Svinafell enthalten schöne Schlammstromablagerungen große Rhyolith-, Basalt- und Gabbroblöcke. Die Piste endet in Skaftafell, einem wunderbaren kleinen Park mit üppiger Vegetation. Man kann dort einen schönen Wasserfall besichtigen, der auf regelmäßige Basaltsäulen hinabstürzt.

Von Skaftafell aus ist der Öraefajökull im Osten frei sichtbar, während ihn im Süden der Skeidararsandur verdeckt.

Bedeutung einiger isländischer Wörter, die oft in Verbindung mit Eigennamen vorkommen

Die Worte in Klammern sind deklinierte Formen

á	Bach
austur	Ost
baer	Bauernhof
berg	Stein
blà	blau
borg	Schloß
brenna	verbrannt
brennistein	Schwefel
dal	Tal
djùp	tief
eld	Feuer
eldfjöll	Vulkan
ey (eyar)	Insel
fell, fjall, fjöll	Berg
fjörd	Fjord
fljót	Fluß
flói	Bucht
gard	Garten
gerdi	Zaun
gig	Krater
gjà	Spalte
graen	grün
gufa	Dampf
heidi	Heide
hlid	Berghang
hola	Loch
hóll	Hügel
holt	Wald
hnùk	Spitze
hrafn	Rabe
hrapntinna	Obsidian
hraun	Lava
hval	Wal
hver	warmes Wasser, Krater
hvit	weiß
jökull	Gletscher
kót	kleines Gehöft
laug	Bad, Warmwasserquelle
mý	Mücke
nama	Steinbruch
nes	Halbinsel
nordur	Nord
raud	rot
reyk	Rauch, Dampf
skard	Berg
snae	Schnee
stad	Platz
steinn	Stein
suda	kochen
sudur	Süd
sveit	Gemeinde
tunga	Landenge, Landzunge
vatn	Wasser, See
vestur	West
vik	Bucht
völl (vellir, vallar, valla)	Ebene, Felder
thing	Parlament, Versammlung

Kurze Bibliographie

ASKELSSON, J., BÖDVASSON, G., EINARSSON, T., KJARTANSSON, G., THORARINSSON, S. (1960): On the geology and geophysics of Iceland, Guide book. – Reykjavik (Museum of Natural History)

BARTH, T. F. W. (1950): Volcanic Geology, Hot Springs and Geysers of Iceland. – Carnegie Institution of Washington, publication 587

BEMMELEN, R. W. VAN, RUTTEN, M. G. (1955): Tablemountains of Northern Iceland. – Brill

EINARSSON, T. (1977): Problems in Geology and Geophysics, part II, Greinar VI. (Visindafélag Islendinga)

EINARSSON, TH. (1962): Upper Tertiary and Pleistocene Rocks in Iceland. – Societas Scientiarum islandica

EINARSSON, TH. (1974): The Heimaey Eruption. – Heimskringla

FRIEDRICH, W. (1966): Zur Geologie von Brjanslaekur (Nord-West-Island) unter besonderer Berücksichtigung der fossilen Flora. – Bonn (Wilhelm Stollfuss Verlag)

FRIDRIKSSON, S. (1975): Surtsey, evolution of live on a volcanic island. – (Butterworths)

Iceland and mid-ocean ridges. – (Societas Scientiarum islandica 1967)

Iceland, evolution, active tectonics, and structure. – Journal of Geophysics, Zeitschrift für Geophysik, 47 (1–3), 1980 (Springer)

Iceland, introduction to general geology. Excursions 163C–164C. – 26th international geological congress, 1980

KRISTJANSSON, L. (1974): Geodynamics of Iceland and the North Atlantic Area. – Dodrecht (D. Reidel Publishing Cie)

NOLL, H. (1967): Maare und maarähnliche Explosionskrater in Island. – Bonn (Wilhelm Stollfuss Verlag)

PREUSSER, H. (1976): The landscapes of Iceland: types and regions. – (Dr. W. Junk b. v.)

RITTMANN, A. (1938): Die Vulkane am Myvatn in Nordost Island. – Bulletin volcanologique IV

SAEMUNDSSON, K. (1967): Vulkanismus und Tektonik des Hengill-Gebietes in Süd-West Island. – Acta Naturalia Islandica, II (7)

SCHUTZBACH, W. (1967): Island, Feuerinsel am Polarkreis. – (Dümmler Verlag)

Surtsey Research Progress Report Teile I, II, III, IV, V. – Surtsey Research Society (1966)

SCHWARZBACH, M. (1964): Geologenfahrten in Island. – (Karawane Verlag)

SCHWARZBACH, M. & NOLL, H. (1971): Geologischer Routenführer durch Island. Bonn (Wilhelm Stollfuss Verlag)

SCHWARZBACH, M. (1973): Führer zu geologischen Flugexkursionen in Island. – Sonderveröffentlichungen des Geologischen Institutes der Universität Köln, 22

THORARINSSON, S. (1956): Hekla on fire. – (Hanns Reich Verlag)

THORARINSSON, S. (1958): The Öraefajökull Eruption of 1362. – Acta Naturalia Islandica, II (2)

THORARINSSON, S. (1963): Askja on fire. – (Allmenna Bókafélagid)

THORARINSSON, S. (1967): Surtsey, the new island in the north Atlantic. – (Viking Press)

THORARINSSON, S. (1967): Some Problems of Volcanism in Iceland. – Geologische Rundschau 57

THORARINSSON, S. (1969): The eruption of Hekla. – Soc. Scient. Islandica

THORARINSSON, S. (1970): Hekla, a notorious volcano. – (Almenna Bókafélagid)

THORARINSSON, S. (1970): The Lakagigar eruption of 1783. – Bulletin volcanologique, XXXIII

THORARINSSON, S. (1973): The Hekla eruption 1970. – Bulletin volcanologique XXXVIII

Volcano, ordeal by fire in iceland's Westman Islands. – Iceland Review Books (1973)

WALKER, G. P. L. (1966): Acid volcanic rocks in Iceland. – Bulletin volcanologique, XXIX

Namenregister

Sachregister

Ortsregister

Farbbilder

Farbbild 1 Basaltsäulen (bei Skaftafell, Island) (Foto *Krafft*)

Farbbild 2 Stricklava (Island) (Foto *Krafft*)

Farbbild 3 Kissenlava (Pillow-Lava), unter Wasser ausgeflossen (Acicastello auf Sizilien) (Foto *Krafft*)

Farbbild 4 Hawaiianische Tätigkeit: der Skjaldbreidur auf Island (Foto *Krafft*)

Farbbild 5 Spalteneruption: Kraterreihe beim Odadahraun auf Island (Foto *Krafft*)

Farbbild 6 Peléanische Tätigkeit: der Gerbier de Jonc im Zentralmassiv in Frankreich (Foto *Krafft*)

Farbbild 7 Strombolianische Tätigkeit: der Stromboli auf den Äolischen Inseln in Italien (Foto *Krafft*)

Farbbild 8 Vulkanische Tätigkeit: der Krater des Vulcano auf den Äolischen Inseln in Italien (Foto *Krafft*)

Farbbild 9 Explosive Tätigkeit: der See von Saint-Front im Zentralmassiv in Frankreich (Foto *Krafft*)

Farbbild 10 Eruption mit nachfolgendem Einbruch: Caldera von Askja in Island (Foto *Krafft*)

Farbbild 11 Untermeerische Eruption: Surtsey im Atlantischen Ozean, entstanden im Jahre 1963 südlich von Island (Foto Solar-Film, Reykjavik)

Farbbild 12 Der Saint-Michel Felsen, wunderbarer Vulkanschlot im Zentralmassiv in Frankreich (Foto *Krafft*)

Farbbild 13 Ein senkrechter Gang und den vulkanischen Schichten zwischengeschaltete Lagergänge, in den Wänden der Caldera von Santorin, Griechenland (Foto *Krafft*)

Farbbild 14 Ein Helm und eine Sauerstoffmaske sind nützlich für den Vulkanologen, der sich an den Rand des Stromboli wagt (Foto *Krafft*)

Farbbild 15 Vulkanologen analysieren Gase am Rand des Stromboli-Vulkans auf den Äolischen Inseln; sie tragen stoßfeste Helme, die sich gegen vulkanische Bomben bewährt haben (Foto *Krafft*)

Farbbild 16 Ein mit poliertem Aluminium überzogener Asbestanzug schützt den Vulkanologen vor der intensiven Hitzestrahlung der Lava; am Fuß des nordöstlichen Kraters des Ätna auf Sizilien (Foto *Krafft*)

Farbbild 17 Palagonite, subglaziale Laven, auf der Reykjanes-Halbinsel (Foto *Krafft*)

Farbbild 18 Asche- und Dampffahne des Vulkans Surtsey im Jahre 1963 (Foto Solar Film, Reykjavik)

Farbbild 19 Ein Ausbruch des Strokkur-Geysers in Geysir (Foto *Krafft*)

Farbbild 20 Der Graben von Thingvellir, wo Spalten und Risse die Erdkruste durchziehen und zerreißen (Foto *Krafft*)

Farbbild 21 Nutzung des natürlichen heißen Wassers für Gewächshäuser in Hveragerdi (Foto *Krafft*)

Farbbild 22 Die Lichtbrechung an den im warmen Wasser schwebenden Kieselsäureteilchen führt zu dem intensiven Blau dieses Beckens. Die weißen Ablagerungen sind Geyserit, eine Form der Kieselsäure. Hveravellir (Foto *Krafft*)

Farbbild 23 Schwefel lagert sich in den thermalen Zonen ab. Hveravellir (Foto *Krafft*)

Farbbild 24 Der Axlargigur, einer der Gipfelkrater der Hekla, war 1947 tätig (Foto *Krafft*)

Farbbild 25 Rhyolithkuppen von Blahnùkur in Landmannalaugar (Foto *Krafft*)

Farbbild 26 Eine weiße Wasserdampffahne und dicke schwarze Aschenwolken steigen vom Hang des alten Helgafell auf (Foto *Krafft*)

Farbbild 27 Die Lavafontänen schießen am 23. Januar 1973 mehrere hundert Meter empor (Heimaey) (Foto *Krafft*)

Farbbild 28 Im Februar 1973 dringt ein neuer Lavastrom gegen die Stadt Heimaey vor. Die Isländer beschließen, ihn durch Abkühlen mit großen Mengen Meerwassers aufzuhalten (Foto *Krafft*)

Farbbild 29 Die Stadt Heimaey im April 1973; rechts der Helgafell und links der neue Vulkan, der über 300 Häuser zerstört hat (Foto *Krafft*)

Farbbild 30 Seit Beginn der Tätigkeit fließt ein Lavastrom in das Meer und droht, den Hafen von Heimaey zu blockieren (Foto *Krafft*)

Farbbild 31 Ende des Ausbruchs vom April 1973, die Häuser sind unter den Aschen verschüttet; im Hintergrund der Krater des neuen Vulkans von Heimaey (Foto *Krafft*)

Farbbild 32 300 Häuser werden von einem Lavastrom zerdrückt, andere werden unter den Aschen begraben. Im Hintergrund die Lavawand, eine Masse von Blöcken, die unaufhaltsam voranschreitet (Foto *Krafft*)

1 Seite 137 2

3 Seite 138 4

5 Seite 139 6

7 Seite 140 8

9 | Seite 141 | 10

11 Seite 142 12

13

14

Seite 143

Seite 144

15

16

17 Seite 145 18

19

Seite 146

20 Seite 147 **21**

22 Seite 148 23

24 Seite 149 25

26 Seite 150 27